달곰한 문해력

초등 문법

―――― 쓰면서 익히는 ――――

맞춤법 + 받아쓰기

문해력은 글을 읽고 해석하는 능력을 뜻해요.

단순히 글자를 읽는 것이 아니라 글 안에 들어 있는 의미까지 파악하는 것이지요.

문해력이 있다는 것은 무엇으로 알 수 있을까요?

자신이 이해하고 파악한 내용을 말이나 글로써 나타낼 때 알 수 있게 되어요.

이때 바탕이 되는 것이 바로 맞춤법과 문법이에요.

우리말인 국어에서 맞춤법이나 문법을 알지 못한다면 어떤 일이 생길까요?

말하고자 하는 바를 제대로 나타낼 수 없게 되어요.

맞춤법이나 문법에 어긋나는 말이나 글로는 제대로 된 소통이 이뤄질 수 없으니까요.

맞춤법과 문법이 갖춰져야 문해력을 완성할 수 있답니다.

『달곰한 문해력 초등 문법』은 여러분이 문해력을 완성할 수 있도록 도와줄 거예요.

어렵게만 느껴지는 문법을 그림과 흥미로운 소재의 글을 통해 **재미있게 학습**할 수 있고,

학년별 눈높이에 딱 맞춘 구성으로 **문법 실력을 차근차근 키워** 갈 수 있답니다.

자, 그럼 이제 『달곰한 문해력 초등 문법』을 시작해 볼까요?

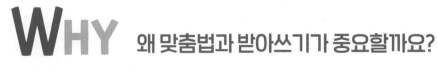 왜 맞춤법과 받아쓰기가 중요할까요?

 맞춤법

글자와 소리가 다른 낱말

우리말에는 글자와 소리가 다른 낱말이 많습니다. 그래서 맞춤법을 잘 알지 못하면 글자를 잘못 쓰게 될 수 있습니다. 글자를 잘못 쓰면 어떻게 될까요? 말하고자 하는 바를 제대로 표현할 수 없게 됩니다. 이는 의사소통에도 문제가 생기게 하며, 학습에도 영향을 줍니다.

모든 과목 학습의 기초

맞춤법은 국어 능력에만 영향을 미치지 않습니다. 맞춤법은 모든 과목의 분야나 난이도와 관계없이 필수적인 학습의 바탕이 됩니다. 맞춤법에 따라 바르게 읽고 쓸 수 있어야 학습 내용을 정확히 이해하고 표현할 수 있습니다.

 받아쓰기

맞춤법 지식 판단의 척도

받아쓰기는 맞춤법을 익히고, 띄어쓰기 등을 정확히 알고 있는지 판단하는 데 가장 좋은 학습 방법입니다. 맞춤법과 받아쓰기 학습에도 적정 시기가 있습니다. 맞춤법과 받아쓰기 학습은 한글 기초 학습을 완성해 나가는 초등학교 저학년 시기에 반드시 필요합니다.

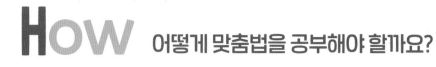

HOW 어떻게 맞춤법을 공부해야 할까요?

1 올바른 맞춤법 규정

2 쓰기 학습

3 반복 학습

선행되어야 하는 것은 올바른 맞춤법 규정을 익히는 것입니다. 초등학생이 알아야 할 국어 맞춤법 규정을 명확하게 익혀야 합니다. 그리고 맞춤법에 맞는 낱말과 문장을 직접 쓰며 내재화해야 합니다. 읽고, 듣고, 쓰며 맞춤법을 온전히 익혀야 합니다. 또한 이 학습을 반복적으로 지속할 때 효율적인 맞춤법 학습이 완성됩니다.

『달곰한 문해력 초등 문법 – 맞춤법·받아쓰기』는

초등학교 저학년 필수 맞춤법 학습의 기준입니다.

『달곰한 문해력 초등 문법 – 맞춤법·받아쓰기』로 예비 초등, 초등 1·2학년 학생들에게 필수적인 맞춤법 완전 학습이 가능합니다. 각 학년당 네 개의 맞춤법 주제 아래 총 20개의 필수 맞춤법을 선정하였습니다. 흥미로운 삽화를 통해 맞춤법 쓰임을 확인하고, 도식화된 개념으로 맞춤법을 익힙니다. 그리고 낱말, 문장, 이야기 글을 활용한 반복적인 쓰기 활동을 통해 맞춤법을 완벽하게 익히게 됩니다.

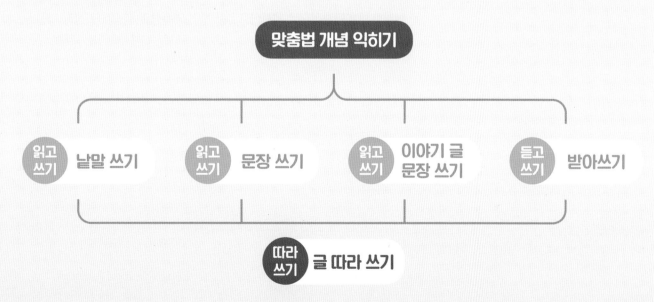

감수 서혁 교수님

이화여자대학교
국어교육학과 교수

일상생활은 물론 교과 학습을 이끌어 가는 필수적 선택,

『달곰한 문해력 초등 문법』

문해력은 일상생활은 물론 교과 학습을 이끌어 가는 필수적인 능력입니다. 문해력의 기초를 다지기 위해서는 어휘력을 기반으로 하면서도 언어에 대한 체계적인 지식과 함께 그 사용의 규칙과 원리를 잘 이해해야 합니다. 이러한 맥락에서 『달곰한 문해력 초등 문법』 시리즈는 문법 교육을 단순한 규칙 암기가 아닌, 문해력 향상을 위한 핵심 전략으로 재구성한 교재입니다. 이 시리즈는 『달곰한 문해력 어휘』, 『달곰한 문해력 기본서』, 『달곰한 문해력 독해』의 과정을 거치며 사고력과 표현력을 길러 온 학생들이, 자신의 생각을 정확하고 논리적으로 전달할 수 있도록 문법적 토대를 마련하는 것을 목표로 합니다.

객관식 문항에 의존하지 않고, 쓰기 중심 학습을 통해 문법 지식을 내면화하도록 설계한 점은 본 교재의 중요한 특징입니다. 또한 초등 1~2학년 수준의 맞춤법 및 받아쓰기부터, 초등 고학년은 물론 중학생들에게도 유용한 교과서 기반 문법을 체계화하여 단계적으로 제시함으로써 학습 연속성과 학습자의 성장 과정을 체계적으로 고려했습니다.

문법을 통해 사고를 조직하고 표현하는 능력을 길러야 한다는 시대적 요구에 부응하는 이 교재는, 학습자들의 문해력 기반을 다지는 데 필수적인 문법 내용들을 간명하게 정선하고 체계화했다는 점에서 학생들에게 큰 도움이 될 것입니다.

이 책의 구성과 특징

❶ 맞춤법 개념

맞춤법의 쓰임을 알 수 있는 재미있는 그림과 도식화된 개념을 통해 맞춤법을 익혀요.

❷ 맞춤법 낱말 쓰기

맞춤법이 쓰인 낱말을 직접 써 보며 바른 맞춤법을 확인해요.

❸ 맞춤법 문장 쓰기

맞춤법이 쓰인 낱말이 담긴 문장을 직접 써 보며 바른 맞춤법을 확인해요.

❹ 이야기 속 맞춤법 문장 쓰기

흥미로운 소재의 이야기 글을 읽으며 맞춤법이 실제로 어떻게 쓰였는지 확인하고 문장을 직접 써 봐요.

❺ 맞춤법 문장 만들어 쓰기

배운 맞춤법을 적용하여 스스로 문장을 직접 만들어 써 봐요.

❻ 받아쓰기

배운 맞춤법을 QR에 담긴 음성을 들으며 받아 써요. 낱말과 문장을 모두 써 보며 완벽하게 맞춤법을 익혀요.

❼ 정답 및 해설

본문의 내용을 그대로 담아 정답을 빠르고 정확하게 확인할 수 있어요. 학습에 도움이 되는 도움말도 담겨 있어요.

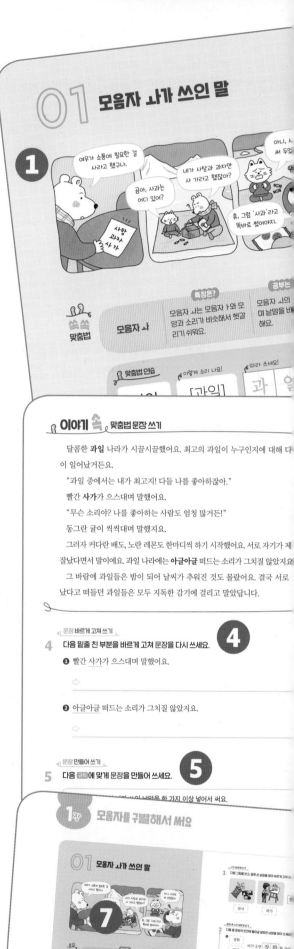

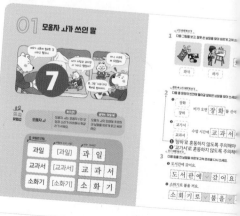

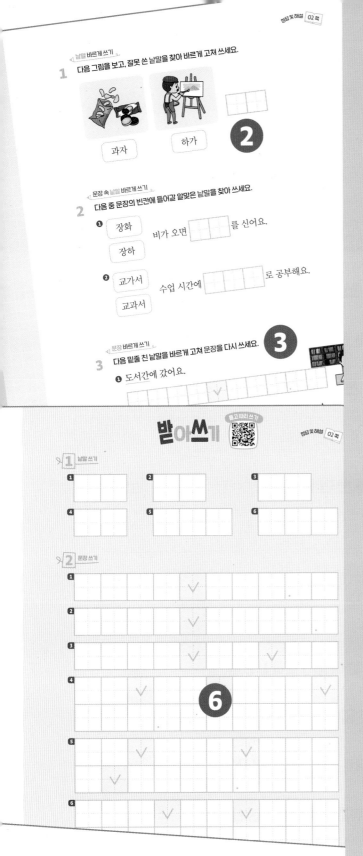

1 낱말 바르게 쓰기
다음 그림을 보고, 잘못 쓴 낱말을 찾아 바르게 고쳐 쓰세요.

과자

하가

2

문장 속 낱말 바르게 쓰기
2 다음 중 문장의 빈칸에 들어갈 알맞은 낱말을 찾아 쓰세요.

❶ 장화 / 장하 비가 오면 [   ]를 신어요.

❷ 교가서 / 교과서 수업 시간에 [   ]로 공부해요.

3

문장 바르게 쓰기
3 다음 밑줄 친 낱말을 바르게 고쳐 문장을 다시 쓰세요.
❶ 도서간에 갔어요.

받아쓰기 📱 보고 따라 쓰기

1 낱말 쓰기
❶ ❷ ❸
❹ ❺ ❻

2 문장 쓰기
❶ ❷ ❸ ❹ ❺ ❻

6

부록

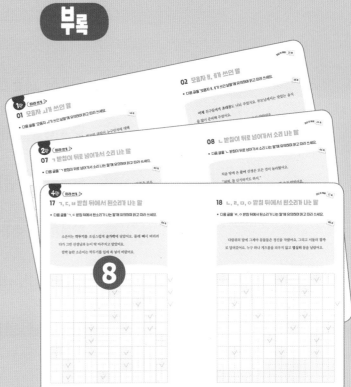

8

8 글 따라 쓰기

본문에서 학습한 이야기 글의 일부분을 다시 읽어 봐요. 그리고 맞춤법이 적용된 부분을 그대로 따라 써 봐요. 맞춤법 내용을 읽기와 쓰기를 활용한 반복 학습을 통해 완벽하게 익힐 수 있어요.

이 책의 차례

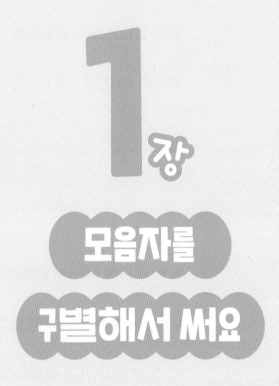

1장

모음자를 구별해서 써요

모양이나 소리가 비슷해서 헷갈리기 쉬운 모음들이 있어요.
모음자가 들어간 낱말을 바르게 소리 내어 읽으며 글자의 모양을 잘 살펴보아요.
그리고 낱말의 뜻을 생각하며 맞춤법에 맞게 써야 해요.

01 모음자 ㅘ가 쓰인 말

특징은?

모음자 ㅘ

모음자 ㅘ는 모음자 ㅏ와 모양과 소리가 비슷해서 헷갈리기 쉬워요.

공부는 이렇게!

모음자 ㅘ의 모양에 주의하며 낱말을 바르게 읽고 써야 해요.

맞춤법 연습

이렇게 소리 나요! 따라 쓰세요!

과일	[과일]	과	일
교과서	[교과서]	교	과	서
소화기	[소화기]	소	화	기

낱말 바르게 쓰기

1 다음 그림을 보고, 잘못 쓴 낱말을 찾아 바르게 고쳐 쓰세요.

과자   하가

문장 속 낱말 바르게 쓰기

2 다음 중 문장의 빈칸에 들어갈 알맞은 낱말을 찾아 쓰세요.

❶ 장화 / 장하

비가 오면 [ ] [ ] 를 신어요.

❷ 교가서 / 교과서

수업 시간에 [ ] [ ] [ ] 로 공부해요.

문장 바르게 쓰기

3 다음 밑줄 친 낱말을 바르게 고쳐 문장을 다시 쓰세요.

❶ <u>도서간</u>에 갔어요.

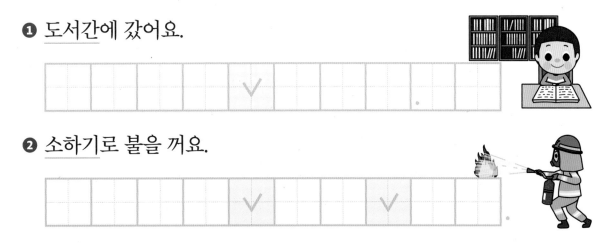

❷ <u>소하기</u>로 불을 꺼요.

달콤한 **과일** 나라가 시끌시끌했어요. 최고의 과일이 누구인지에 대해 다툼이 일어났거든요.

"과일 중에서는 내가 최고지! 다들 나를 좋아하잖아."

빨간 **사가**가 으스대며 말했어요.

"무슨 소리야? 나를 좋아하는 사람도 엄청 많거든!"

동그란 귤이 씩씩대며 말했지요.

그러자 커다란 배도, 노란 레몬도 한마디씩 하기 시작했어요. 서로 자기가 제일 잘났다면서 말이에요. 과일 나라에는 **아글아글** 떠드는 소리가 그치질 않았지요.

그 바람에 과일들은 밤이 되어 날씨가 추워진 것도 몰랐어요. 결국 서로 잘났다고 떠들던 과일들은 모두 지독한 감기에 걸리고 말았답니다.

◁ **문장** 바르게 고쳐 쓰기 ▷

4 **다음 밑줄 친 부분을 바르게 고쳐 문장을 다시 쓰세요.**

❶ 빨간 <u>사가</u>가 으스대며 말했어요.

⇨ _____

❷ <u>아글아글</u> 떠드는 소리가 그치질 않았지요.

⇨ _____

◁ **문장** 만들어 쓰기 ▷

5 **다음 규칙에 맞게 문장을 만들어 쓰세요.**

> [규칙] ① 모음자 ㅘ가 쓰인 낱말을 한 가지 이상 넣어서 써요.
> ② 서로 다투고 있는 과일들에게 해 주고 싶은 말을 써요.

✎ _____

받아쓰기 들고 따라 쓰기

정답 및 해설 02쪽

1 낱말 쓰기

1 [ ][ ]

2 [ ][ ]

3 [ ][ ]

4 [ ][ ]

5 [ ][ ]

6 [ ][ ]

2 문장 쓰기

1 [ ]

2 [ ]

3 [ ]

4 [ ]

5 [ ]

6 [ ]

낱말 쓰기

02 모음자 ㅐ, ㅔ가 쓰인 말

🐛 쏙쏙 맞춤법

모음자 ㅐ, ㅔ	**특징은?**	**공부는 이렇게!**
	모음자 ㅐ와 ㅔ는 모양과 소리가 비슷해서 헷갈리기 쉬워요.	모음자 ㅐ와 ㅔ가 쓰인 낱말을 익히고, 잘 구별하여 맞춤법에 맞게 써야 해요.

🐛 맞춤법 연습

	이렇게 소리 나요!	따라 쓰세요!
개미	[개미]	개 미
베개	[베개]	베 개
내일	[내일]	내 일

낱말 바르게 쓰기

1 다음 그림을 보고, 빈칸에 들어갈 알맞은 모음자를 쓰세요.

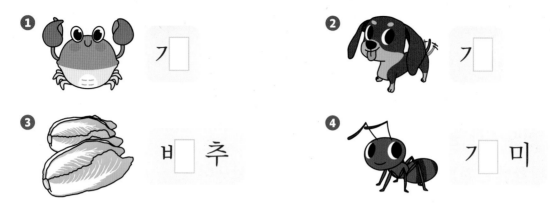

❶ ㄱ□

❷ ㄱ□

❸ ㅂ□추

❹ ㄱ□미

문장 속 낱말 바르게 쓰기

2 다음 문장의 빈칸에 들어갈 알맞은 낱말을 보기 에서 찾아 쓰세요.

보기	고래	고레	재비	제비

❶ 바다에서 □□ 가 헤엄쳐요.

❷ 봄이 되면 □□ 가 찾아와요.

문장 바르게 쓰기

3 다음 중 바르게 쓴 낱말을 찾아 ○표 하고, 문장을 다시 쓰세요.

❶ (무지개 / 무지게)가 떴어요.

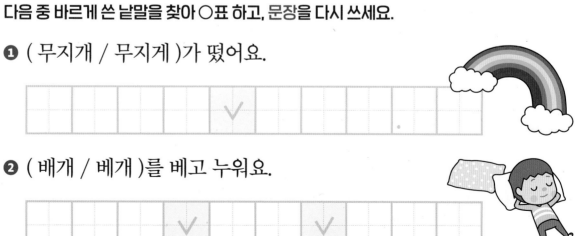

❷ (배개 / 베개)를 베고 누워요.

오늘은 민지의 **생일**이에요. 며칠 전부터 손꼽아 기다리던 날이었지요. 민지는 생일날 집으로 친구들을 **초대**할 계획이었어요. 그래서 **어재** 친구들에게 초대장도 나눠 주었지요. 부모님께서는 맛있는 음식을 많이 준비해 주셨어요.

그런데 초대한 시간이 되어도 아무도 오지 않았어요.

'어떻게 한 명도 안 올 수가 있지?'

당황한 민지는 친구들에게 문자 메시지를 보냈어요.

"어디야, 오늘 내 생일인데 왜 안 와?"

그러자 오히려 친구들이 깜짝 놀라며 답을 보냈어요.

"어? 오늘이 생일이야? 너 어제 초대장 줄 때 **모레**가 생일이라고 했잖아. 그래서 우리는 네 생일이 **네일**인 줄 알았어."

◁ 문장 바르게 고쳐 쓰기 ▷

4 **다음 밑줄 친 부분을 바르게 고쳐 문장을 다시 쓰세요.**

❶ 어재 친구들에게 초대장도 나눠 주었지요.

⇨ _____

❷ 우리는 네 생일이 네일인 줄 알았어.

⇨ _____

◁ 문장 만들어 쓰기 ▷

5 **다음 규칙에 맞게 문장을 만들어 쓰세요.**

> 규칙 ① 모음자 ㅐ나 ㅔ가 쓰인 낱말을 한 가지 이상 넣어서 써요.
> ② 민지의 생일날에 친구들이 오지 않은 까닭을 써요.

_____

받아쓰기

 듣고따라쓰기

정답 및 해설 **03** 쪽

1 낱말 쓰기

1

2

3

4

5

6

2 문장 쓰기

1

2

3

4

5

6

낱말 쓰기

03 모음자 ㅝ, ㅟ가 쓰인 말

쏙쏙
맞춤법

모음자 ㅝ, ㅟ	**특징은?**	**공부는 이렇게!**
	모음자 ㅝ는 ㅓ, 모음자 ㅟ는 ㅣ와 소리가 비슷해서 헷갈릴 수 있어요.	모음자 ㅝ나 ㅟ가 쓰인 낱말을 바르게 읽고 쓰며 기억해야 해요.

맞춤법 연습

	이렇게 소리 나요!	따라 쓰세요!
바퀴	[바퀴]	바 퀴
주사위	[주사위]	주 사 위
과수원	[과수원]	과 수 원

낱말 바르게 쓰기

1 다음 중 바르게 쓴 낱말에 ○표 하고, 빈칸에 쓰세요.

❶
공원
공언

❷
바키
바퀴

문장 속 낱말 바르게 쓰기

2 다음 문장의 빈칸에 들어갈 낱말로 알맞은 것에 ○표 하고, 바르게 쓰세요.

❶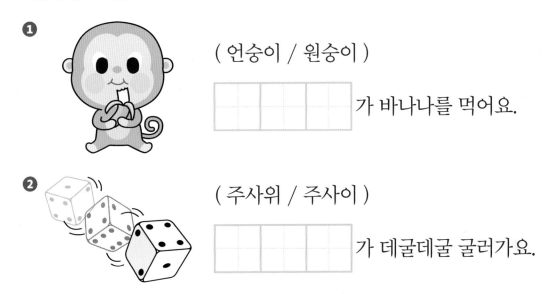

(언숭이 / 원숭이)

가 바나나를 먹어요.

❷

(주사위 / 주사이)

가 데굴데굴 굴러가요.

문장 바르게 쓰기

3 다음 밑줄 친 낱말을 바르게 고쳐 문장을 다시 쓰세요.

❶ 아파서 병언에 가요.

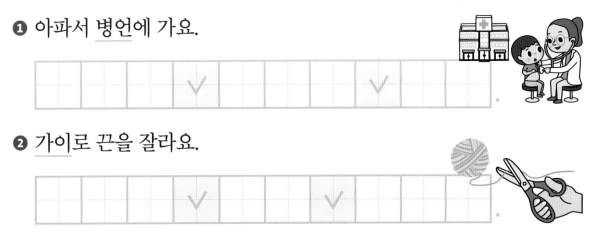

❷ 가이로 끈을 잘라요.

꼬마 **생쥐**는 집에만 있는 게 너무 지루했어요.

"아, 심심해. 뭐 재미있는 일 없을까?"

꼬마 생쥐는 재미있는 일을 찾아 집을 나섰어요. 그리고 한참을 걷다가, 마을에서 멀리 떨어진 **과수언**에 이르렀지요.

"어? 여기는 과수원이네. 엄마가 **이험**하다고 가지 말라고 했던 곳이잖아."

꼬마 생쥐는 엄마의 말이 생각났지만, 과수원이 궁금했어요. 그래서 슬쩍 담을 넘어 들어갔지요. 그곳에는 맛있는 복숭아가 열린 나무들이 가득했어요.

"우아, 맛있겠다. 한 입만 먹어 볼까?"

꼬마 생쥐는 복숭아 맛에 푹 빠져 시간 가는 줄도 몰랐어요.

그러다 그만 과수원 주인에게 딱 걸리고 말았지요! 꼬마 생쥐는 깜짝 놀라 도망치려 했지만, 결국 붙잡혀서 크게 혼이 났답니다.

◀ **문장** 바르게 고쳐 쓰기

4 다음 밑줄 친 부분을 바르게 고쳐 문장을 다시 쓰세요.

❶ 마을에서 멀리 떨어진 <u>과수언</u>에 이르렀지요.

⇨ _____

❷ 엄마가 <u>이험</u>하다고 가지 말라고 했던 곳이잖아.

⇨ _____

◀ **문장** 만들어 쓰기

5 다음 낱말 중 한 가지를 넣어, 꼬마 생쥐에게 하고 싶은 말을 문장으로 쓰세요.

위험	과수원	생쥐

✎ _____

받아쓰기

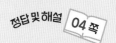

정답 및 해설 04쪽

1 낱말 쓰기

1

2

3

4

5

6

2 문장 쓰기

1

2

3

4

5

6

04 모음자 ㅐ, ㅔ가 쓰인 말

쏙쏙 맞춤법

모음자 ㅐ, ㅔ	**특징은?** 모음자 ㅐ와 ㅔ는 모양과 소리가 비슷해서 헷갈릴 수 있어요.	**공부는 이렇게!** 모음자 ㅐ나 ㅔ가 쓰인 낱말을 잘 익히고 구별해서 써야 해요.

맞춤법 연습

이렇게 소리 나요! | 따라 쓰세요!

얘기	[얘기]	얘	기
차례	[차례]	차	례
예뻐요	[예뻐요]	예	뻐	요

◁ **낱말** 바르게 쓰기 ▷

1 다음 그림을 보고, 잘못 쓴 **낱말**을 찾아 바르게 고쳐 쓰세요.

계단

애술

◁ 문장 속 **낱말** 바르게 쓰기 ▷

2 다음 중 문장의 빈칸에 들어갈 알맞은 **낱말**을 찾아 쓰세요.

❶

애

예

할머니께서는 나를 부르실 때 "☐☐야."라고 하세요.

＊'이 아이'가 줄어든 말.

❷

애

예

제가 할머니께 대답할 때는 "☐☐."라고 해요.

◁ **문장** 바르게 쓰기 ▷

3 다음 밑줄 친 **낱말**을 바르게 고쳐 문장을 다시 쓰세요.

❶ <u>차레</u>를 지켜요.

❷ 내 동생은 <u>애뻐</u>요.

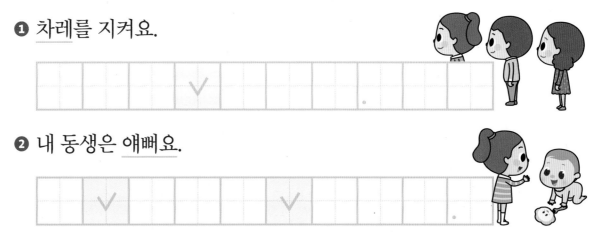

찌루찌루는 지구에 온 **외개인**이에요. 찌루찌루는 지구의 모든 게 신기했어요. 하지만 찌루찌루가 지구에 머물 수 있는 시간은 딱 한 시간밖에 없었지요.

"서둘러야겠어. 그런데 뭘 가져가면 친구들이 신기해할까?"

찌루찌루는 동그란 달걀을 가져가고 싶었어요. 하지만 달걀이 깨질까 봐 걱정이 되었지요. 또 찌루찌루는 달콤한 **식혜**도 가져가고 싶었어요. 하지만 식혜를 쏟을까 봐 걱정이 되었지요.

"그래, 결심했어. 내가 본 걸 잘 **얘기**해 줘야지. **계**들은 듣기만 해도 엄청나게 신기해할 거야."

찌루찌루는 지구의 모든 것을 눈에 꼭꼭 담았어요. 친구들에게 신나게 얘기해 주기 위해서 말이에요.

◀ 문장 바르게 고쳐 쓰기 ▶

4 **다음 밑줄 친 부분을 바르게 고쳐 문장을 다시 쓰세요.**

❶ 찌루찌루는 지구에 온 <u>외개인</u>이에요.

⇨ _____

❷ <u>계</u>들은 듣기만 해도 엄청나게 신기해할 거야.

⇨ _____

◀ 문장 만들어 쓰기 ▶

5 **다음 규칙에 맞게 문장을 만들어 쓰세요.**

> 규칙 ① 모음자 ㅐ나 ㅔ가 들어 있는 낱말을 한 가지 이상 넣어서 써요.
> ② 외계인 찌루찌루가 가져가면 좋을 물건을 생각해서 알려 줘요.

✏ _____

받아쓰기

 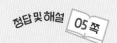 듣고 따라 쓰기

정답 및 해설 05쪽

1 낱말 쓰기

1.
2.
3.
4.
5.
6.

2 문장 쓰기

1.
2.
3.
4.
5.
6.

05 모음자 ㅙ, ㅞ가 쓰인 말

쏙쏙 맞춤법

모음자 ㅙ, ㅞ	**특징은?** 모음자 ㅙ는 모음자 ㅞ와 모양과 소리가 비슷해서 헷갈리기 쉬워요.	**공부는 이렇게!** 낱말에 ㅙ와 ㅞ 중 어떤 모음자가 쓰였는지 익히고 뜻도 함께 기억해요.

맞춤법 연습

	이렇게 소리 나요!	따라 쓰세요!
돼지	[돼지]	돼 지
궤짝	[궤짝]	궤 짝
꿰매요	[꿰매요]	꿰 매 요

낱말 바르게 쓰기

1 다음 중 바르게 쓴 낱말에 ○표 하고, 빈칸에 쓰세요.

❶

횃불

횃불

❷

괴짝

궤짝

＊(물건을 넣어 두는) 나무로 만든 큰 상자.

문장 속 낱말 바르게 쓰기

2 다음 문장의 빈칸에 들어갈 낱말로 알맞은 것에 ○표 하고, 바르게 쓰세요.

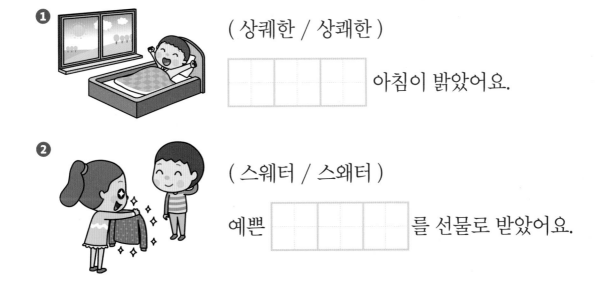

❶ (상퀘한 / 상쾌한)

　　　　아침이 밝았어요.

❷ (스웨터 / 스왜터)

예쁜 　　　를 선물로 받았어요.

문장 바르게 쓰기

3 다음 중 바르게 쓴 낱말을 찾아 ○표 하고, 문장을 다시 쓰세요.

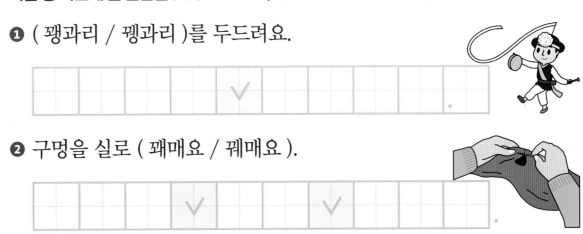

❶ (꽹과리 / 꿱과리)를 두드려요.

❷ 구멍을 실로 (꽤매요 / 꿰매요).

분홍 **돼지**에게는 나쁜 습관이 하나 있었어요. 누가 뭘 물어보면 무조건 "**안 돼!**"라고 말하는 습관이었지요.

깜장 강아지가 "상쾌한 아침이야. 나랑 같이 산책하러 갈래?"라고 물어봤을 때도 "안 돼!"라고 말했고요.

노란 병아리가 "나랑 놀아 줘."라고 얘기했을 때도 "안 돼!"라고 말했지요.

하얀 토끼가 "내 구멍 난 옷을 **꽤매** 줄래?"라고 했을 때도 "안 돼!"라고 말했답니다.

사실 분홍 돼지는 그렇게 말할 생각이 아니었어요. 나쁜 습관 때문에 툭 튀어나온 말이었지요. 그래서 분홍 돼지는 강아지랑 산책하러 가지 못한 것을, 병아리랑 놀지 못한 것을, 토끼의 구멍 난 옷을 꿰매 주지 못한 것을 두고두고 후회했답니다.

◁ 문장 바르게 고쳐 쓰기 ▷

4 **다음 밑줄 친 부분을 바르게 고쳐 문장을 다시 쓰세요.**

❶ 분홍 <u>돼지</u>에게는 나쁜 습관이 하나 있었어요.

⇨ _____

❷ 내 구멍 난 옷을 <u>꽤매</u> 줄래?

⇨ _____

◁ 문장 만들어 쓰기 ▷

5 **다음 낱말 중 한 가지를 넣어, 분홍 돼지가 고쳐야 할 점을 문장으로 쓰세요.**

돼	돼지	안 돼

✏ _____

받아쓰기

 듣고 따라 쓰기

정답 및 해설 06 쪽

1 낱말 쓰기

1

2

3

4

5

6

2 문장 쓰기

1

2

3

4

5

6

06 모음자 ㅚ, ㅢ가 쓰인 말

🐛🐛 쏙쏙 맞춤법

모음자 ㅚ, ㅢ	**특징은?** 모음자 ㅚ는 ㅙ, 모음자 ㅢ는 ㅣ와 소리가 비슷해서 헷갈릴 수 있어요.	**공부는 이렇게!** ㅚ와 ㅢ의 모양을 잘 살펴보고, 낱말의 모양과 소리가 다른 경우에 주의해야 해요.

🐛 맞춤법 연습

이렇게 소리 나요! · 따라 쓰세요!

괴물	[괴물]	괴 물
의사	[의사]	의 사
희망	[히망]	희 망

◁ 낱말 바르게 쓰기 ▷

1 다음 그림을 보고, 잘못 쓴 낱말을 찾아 바르게 고쳐 쓰세요.

참왜   상의

◁ 문장 속 낱말 바르게 쓰기 ▷

2 다음 문장의 빈칸에 들어갈 알맞은 낱말을 보기에서 찾아 쓰세요.

보기	이사	의사	회사	화사

❶ 우리 이모는 [|] 에 다녀요.

❷ 제 꿈은 병을 고치는 [|] 가 되는 거예요.

◁ 문장 바르게 쓰기 ▷

3 다음 밑줄 친 낱말을 바르게 고쳐 문장을 다시 쓰세요.

❶ <u>열쇄</u>로 문을 열어요.

❷ 낮은 <u>이자</u>에 앉아요.

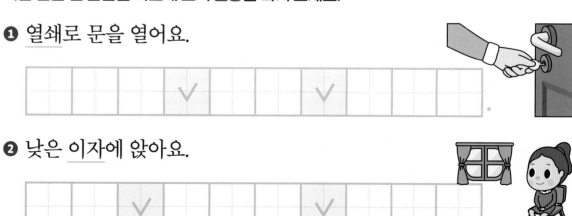

괴물 툴툴이는 자신의 **외모**[*]가 마음에 들지 않았어요. 귀는 너무 뾰족하고, 눈은 너무 작고, 코도 너무 큰 것 같았거든요.

그러던 어느 날, 툴툴이는 소원을 들어주는 마법사가 있다는 이야기를 듣게 되었어요.

'그래, 마법사를 찾아가서 내 외모를 바꿔 달라고 해야겠어.'

툴툴이는 자신의 모습을 바꿀 수 있다는 **희망**에 기뻤어요.

하지만 툴툴이의 말을 들은 마법사는 손을 내저으며 말했지요.

"뭐? 너의 모습을 바꾸고 싶다고? 네 모습이 괴물로서 얼마나 멋진지 모르는구나. 지금이 **최고**라고!"

결국, 툴툴이는 자신의 모습을 받아들이기로 마음을 바꾸었답니다.

***외모**: 겉으로 드러난 모습.

◁ 문장 **바르게 고쳐 쓰기** ▷

4 **다음 밑줄 친 부분을 바르게 고쳐 문장을 다시 쓰세요.**

❶ 괴물 툴툴이는 자신의 외모가 마음에 들지 않았어요.

⇨ _____

❷ 툴툴이는 자신의 모습을 바꿀 수 있다는 히망에 기뻤어요.

⇨ _____

◁ 문장 **만들어 쓰기** ▷

5 **다음 규칙에 맞게 문장을 만들어 쓰세요.**

> 규칙 ① 모음자 ㅚ나 ㅢ가 들어 있는 낱말을 한 가지 이상 넣어서 써요.
> ② 괴물 툴툴이를 응원하는 말을 써요.

_____

받아쓰기

 듣고 따라 쓰기

정답 및 해설 07쪽

1 낱말 쓰기

1

2

3

4

5

6

2 문장 쓰기

1

2

3

4

5

6

2장

받침이 뒤로 넘어가서
소리 나는 말을 써요

받침이 있는 글자 뒤에 모음자로 시작하는 글자가 오면

받침이 뒤 글자의 첫소리로 넘어가 소리 나요.

하지만 쓸 때는 소리 나는 대로 쓰면 안 되고, 원래 받침을 살려서 써야 해요.

07 ㄱ 받침이 뒤로 넘어가서 소리 나는 말

쏙쏙 맞춤법

	읽을 때	쓸 때
ㄱ 받침이 뒤에 오는 모음과 만나면	ㄱ이 뒤로 넘어가서 소리가 나요. 예 [노가서]	ㄱ 받침을 그대로 살려서 써요. 예 녹아서

맞춤법 연습

이렇게 소리 나요!　　따라 쓰세요!

목요일	[모교일]	목 요 일
거북이	[거부기]	거 북 이
저녁에	[저녀게]	저 녁 에

낱말 바르게 쓰기

1 다음 중 바르게 쓴 낱말에 ○표 하고, 빈칸에 쓰세요.

❶
머기
먹이

❷
국어
구거

문장 속 낱말 바르게 쓰기

2 다음 문장의 빈칸에 들어갈 낱말로 알맞은 것에 ○표 하고, 바르게 쓰세요.

❶

(노가요 / 녹아요)

아이스크림이 더위에
.

❷

(먹어요 / 머거요)

강아지가 밥을
.

문장 바르게 쓰기

3 다음 밑줄 친 낱말을 바르게 고쳐 문장을 다시 쓰세요.

❶ 새 <u>하공품</u>을 샀어요.

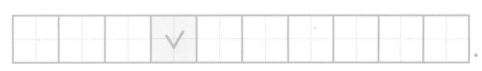

	∨				∨			
.

❷ 오늘은 <u>모교일</u>이에요.

			∨					

추운 겨울 **저녀게 거북이** 가족이 모두 모였어요. 따뜻한 모닥불을 피우고 옹기종기 모여 앉았지요.

그때, 꼬마 **아거** 한 마리가 슬그머니 나타났어요.

"으악! 악어다!"

커다란 입에 뾰족한 이빨까지 잔뜩 난 악어를 보고, 거북이들은 놀라서 벌벌 떨었어요. 크기는 작았지만, 무서웠거든요.

"무서워하지 마. 난 해치지 않아. 그냥 추워서 왔을 뿐이야."

꼬마 악어는 최대한 상냥한 목소리로 말했어요.

꼬마 악어의 말에 거북이들은 부끄러웠어요. 겉모습만 보고 괜히 겁을 먹은 것이 창피했답니다.

◀ 문장 바르게 고쳐 쓰기 ▶

4 **다음 밑줄 친 부분을 바르게 고쳐 문장을 다시 쓰세요.**

❶ 추운 겨울 저녀게 거북이 가족이 모두 모였어요.

⇨ _____

❷ 꼬마 아거 한 마리가 슬그머니 나타났어요.

⇨ _____

◀ 문장 만들어 쓰기 ▶

5 **다음 낱말 중 한 가지를 넣어, 거북이들에게 하고 싶은 말을 문장으로 쓰세요.**

| 악어 | 거북이 |

✏ _____

받아쓰기

 듣고 따라 쓰기

정답 및 해설 08 쪽

1 낱말 쓰기

1

2

3

4

5

6

2 문장 쓰기

1

2

3

4

5

6

08 ㄴ 받침이 뒤로 넘어가서 소리 나는 말

여기가 우리 자리야.
'연어'라고 쓰여 있어.

연어

이너

우리는 어디로 가야 하지?
이름이 쓰여 있지 않아.

쏙쏙 맞춤법

ㄴ 받침이 뒤에 오는 모음과 만나면	**읽을 때** ㄴ이 뒤로 넘어가서 소리가 나요. 예 [이너]	**쓸 때** ㄴ 받침을 그대로 살려서 써요. 예 인어

맞춤법 연습

이렇게 소리 나요!　　따라 쓰세요!

문어	[무너]	문 어
연예인	[여녜인]	연 예 인
신어요	[시너요]	신 어 요

낱말 바르게 쓰기

1 다음 그림을 보고, 잘못 쓴 낱말을 찾아 바르게 고쳐 쓰세요.

여너   인어

문장 속 낱말 바르게 쓰기

2 다음 문장의 빈칸에 들어갈 알맞은 낱말을 **보기**에서 찾아 쓰세요.

보기	시너요	신어요	아나요	안아요

❶ 엄마가 아기를 포근하게 　　　　.

❷ 발이 시릴* 때는 두꺼운 양말을 　　　　.

*시릴: (몸의 한 부분이) 느끼기에 추울.

문장 바르게 쓰기

3 다음 중 바르게 쓴 낱말을 찾아 ○표 하고, 문장을 다시 쓰세요.

❶ 저는 (어린이 / 어리니)예요.

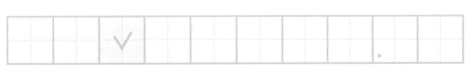

❷ (여녜인 / 연예인)이 될 거예요.

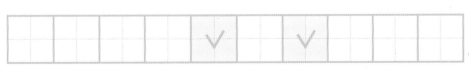

깊은 바닷속에 살던 **문어** 선생이 땅으로 여행을 왔어요.

처음 땅에 온 문어 선생은 모든 것이 놀라웠어요.

"허허, 참 신기하기도 하지."

특히 땅에 사는 동물들의 모습에서 **누늘** 뗄 수가 없었어요.

귀가 길쭉한 토끼도 신기하고, 가시가 뾰족한 고슴도치도 신기했지요.

그중에서도 가장 신기한 동물은 **기리니었어요.** 목이 기다란 것이 마치 커다란 나무 같았거든요. 아무리 올려다봐도 끝이 없었지요.

얼마 뒤 문어 선생은 바다로 돌아갔어요. 그러고는 바닷속 동물들에게 이야기했답니다.

"땅에는 나무가 걸어 다닌다."라고 말이에요.

◁ 문장 **바르게 고쳐 쓰기** ▷

4 **다음 밑줄 친 부분을 바르게 고쳐 문장을 다시 쓰세요.**

❶ 동물들의 모습에서 <u>누늘</u> 뗄 수가 없었어요.

⇨ _____

❷ 가장 신기한 동물은 <u>기리니었어요.</u>

⇨ _____

◁ 문장 **만들어 쓰기** ▷

5 **다음 규칙에 맞게 문장을 만들어 쓰세요.**

> 규칙 ① ㄴ 받침이 뒤로 넘어가서 소리 나는 낱말을 한 가지 이상 넣어서 써요.
> ② 이 글을 읽고 생각하거나 느낀 점을 써요.

✎ _____

받아쓰기

정답 및 해설 09쪽

1 낱말 쓰기

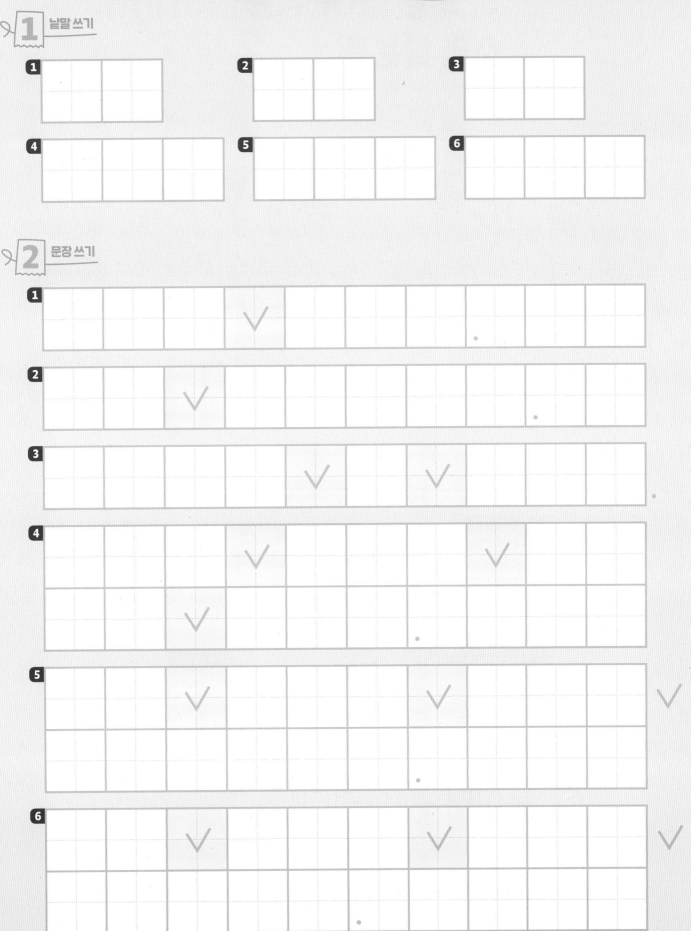

2 문장 쓰기

09 ㄷ, ㄹ 받침이 뒤로 넘어가서 소리 나는 말

쏙쏙 맞춤법

	읽을 때	쓸 때
ㄷ, ㄹ 받침이 뒤에 오는 모음과 만나면	ㄷ, ㄹ이 뒤로 넘어가서 소리가 나요. 예 [바다쓰기]	ㄷ, ㄹ 받침을 그대로 살려서 써요. 예 받아쓰기

맞춤법 연습

이렇게 소리 나요!　　　따라 쓰세요!

믿음	[미듬]	믿	음
놀이터	[노리터]	놀	이	터
돌아요	[도다요]	돌	아	요

낱말 바르게 쓰기

1 다음 그림을 보고, 잘못 쓴 낱말을 찾아 바르게 고쳐 쓰세요.

도다요　　　　돌아요

문장 속 낱말 바르게 쓰기

2 다음 중 문장의 빈칸에 들어갈 알맞은 낱말을 찾아 쓰세요.

❶
나드리

나들이

가족들과 함께 ⬜⬜⬜＊해요.

＊집을 떠나 가까운 곳에 잠시 다녀오는 일.

❷
받아서

바다서

선물을 ⬜⬜⬜ 기분이 좋아요.

문장 바르게 쓰기

3 다음 밑줄 친 낱말을 바르게 고쳐 문장을 다시 쓰세요.

❶ <u>미듬</u>을 가져요.

❷ <u>우름</u>이 터졌어요.

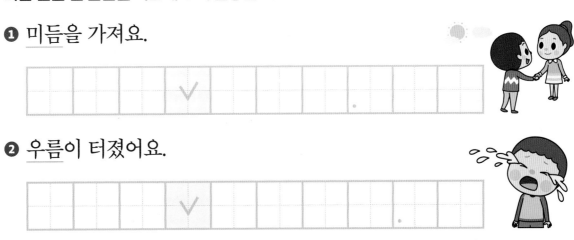

지민이는 **놀이터**에서 노는 걸 가장 좋아해요. 그네도 있고, 작은 모래 놀이 터도 있거든요. 어느 날, 지민이는 하루 종일 놀이터에서 신나게 놀다가 집으로 돌아왔어요. 그런데 깜깜한 밤이 되어서야 모래 놀이터에 **무든** 자동차 장난감이 생각났어요.

"헉! 내 장난감!"

지민이는 얼른 놀이터로 달려갔어요. 아이들이 하나도 없는 텅 빈 놀이터였지요. 왠지 으스스했어요.

그때였어요. '삐걱' 하고 그네가 저절로 움직이는 소리가 들렸어요.

"으악!"

지민이는 깜짝 놀라 집으로 **도라가** 버렸어요. 장난감은 잊은 채 말이에요. 사실 그 소리는 고양이가 그네를 건드려 난 소리였답니다.

◀ 문장 **바르게 고쳐 쓰기**

4 **다음 밑줄 친 부분을 바르게 고쳐 문장을 다시 쓰세요.**

❶ 모래 놀이터에 <u>무든</u> 자동차 장난감이 생각났어요.

⇨ _____

❷ 지민이는 깜짝 놀라 집으로 <u>도라가</u> 버렸어요.

⇨ _____

◀ 문장 **만들어 쓰기**

5 **다음 낱말 중 한 가지를 넣어, 지민이에게 하고 싶은 말을 문장으로 쓰세요.**

놀이터	묻은	돌아가

✎ _____

받아쓰기

정답 및 해설 10쪽

1 낱말 쓰기

1

2

3

4

5

6

2 문장 쓰기

1

2

3

4

5

6

10 ㅁ, ㅂ 받침이 뒤로 넘어가서 소리 나는 말

🐛🐛
쏙쏙
맞춤법

	읽을 때	쓸 때
ㅁ, ㅂ 받침이 뒤에 오는 모음과 만나면	ㅁ, ㅂ이 뒤로 넘어가서 소리가 나요. 예 [으막]	ㅁ, ㅂ 받침을 그대로 살려서 써요. 예 음악

🐛 맞춤법 연습

이렇게 소리 나요!　　따라 쓰세요!

밥알	[바발]	밥 알
더듬이	[더드미]	더 듬 이
아침이	[아치미]	아 침 이

◁ **낱말** 바르게 쓰기 ▷

1 다음 그림을 보고, 빈칸에 들어갈 알맞은 **받침**을 쓰세요.

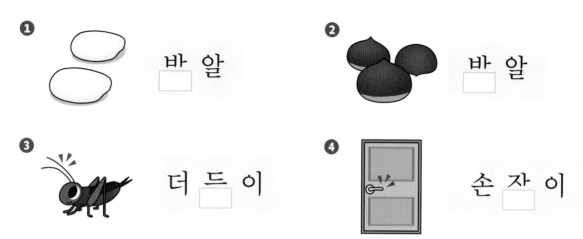

❶ 바 알 □

❷ 바 알 □

❸ 더 드 이 □

❹ 손 자 이 □

◁ **문장 속 낱말** 바르게 쓰기 ▷

2 다음 문장의 빈칸에 들어갈 알맞은 **낱말**을 보기 에서 찾아 쓰세요.

| 보기 | 으막 | 음악 | 돌자비 | 돌잡이 |

❶ 어디선가 아름다운 □□ 소리가 들려요.

❷ 아기에게 □□□ 를 시켰더니 실을 잡았어요.

◁ **문장** 바르게 쓰기 ▷

3 다음 중 바르게 쓴 낱말을 찾아 ○표 하고, 문장을 다시 쓰세요.

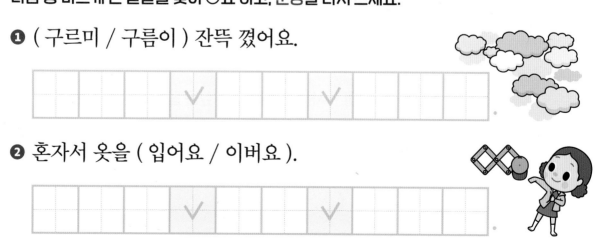

❶ (구르미 / 구름이) 잔뜩 꼈어요.

❷ 혼자서 옷을 (입어요 / 이버요).

아기 **사슴은** 깜깜한 **밤이** 무서웠어요. 어디선가 바람 소리도 '윙윙' 들리고, 부엉이 소리도 '부엉부엉' 들렸거든요. 그래서 **잠이** 오지 않았어요.

"아가, 괜찮아. 무서워하지 않아도 돼."

"힝, 그래도 너무 무서운걸요."

"걱정하지 말렴. **지베** 있으면 괜찮아. 알겠지?"

엄마 사슴은 부드럽게 웃으며 자장가를 불러 주었어요. **마음을** 따뜻하게 어루만져 주는 부드러운 자장가였어요. 아기 사슴은 점점 눈이 감겼어요. 스르르 잠이 왔지요. 그러고는 달콤한 꿈나라로 여행을 떠났답니다. **아치미** 올 때까지 말이에요.

◀ 문장 **바르게 고쳐 쓰기** ▶

4 다음 밑줄 친 부분을 바르게 고쳐 문장을 다시 쓰세요.

❶ 걱정하지 말렴. <u>지베</u> 있으면 괜찮아.

⇨ _____

❷ <u>아치미</u> 올 때까지 말이에요.

⇨ _____

◀ 문장 **만들어 쓰기** ▶

5 다음 낱말 중 한 가지를 넣어, 아기 사슴에게 해 주고 싶은 말을 문장으로 쓰세요.

사슴아	잠이	마음을	아침이

_____

받아쓰기

 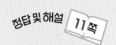

듣고 따라쓰기

정답 및 해설 11쪽

1 낱말 쓰기

1

2

3

4

5

6

2 문장 쓰기

1

2

3

4

5

6

1 낱말 쓰기

11 ㅅ, ㅈ, ㅊ 받침이 뒤로 넘어가서 소리 나는 말

	읽을 때	쓸 때
쏙쏙 맞춤법 ㅅ, ㅈ, ㅊ 받침이 뒤에 오는 모음과 만나면	ㅅ, ㅈ, ㅊ이 뒤로 넘어가서 소리가 나요. 예 [꼬치야]	ㅅ, ㅈ, ㅊ 받침을 그대로 살 려서 써요. 예 꽃이야

맞춤법 연습

	이렇게 소리 나요!	따라 쓰세요!
빛을	[비츨]	빛 을
책꽂이	[책꼬지]	책 꽂 이
깨끗이	[깨끄시]	깨 끗 이

◀ **낱말** 바르게 쓰기 ▶

1 다음 중 바르게 쓴 낱말에 ○표 하고, 빈칸에 쓰세요.

❶
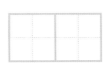

비츨

빛을

❷
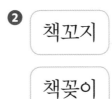

책꼬지

책꽂이

◀ **문장 속 낱말** 바르게 쓰기 ▶

2 다음 문장의 빈칸에 들어갈 낱말로 알맞은 것에 ○표 하고, 바르게 쓰세요.

❶

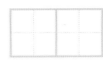
(오슬 / 옷을)

따뜻하게 입어요.

❷

(낮에도 / 나제도)

내 동생은 잠을 자요.

◀ **문장** 바르게 쓰기 ▶

3 다음 밑줄 친 낱말을 바르게 고쳐 문장을 다시 쓰세요.

❶ 손을 <u>깨끄시</u> 씻어요.

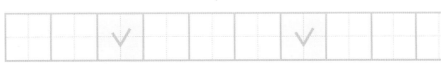

❷ <u>꼬치</u> 피어났어요[*].

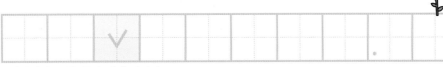

*피어났어요: 꽃 등이 피게 되었어요.

옛날 어느 산골에 **우슴소리**가 아주 큰 곰이 살고 있었어요. 곰의 웃음소리가 얼마나 큰지 백 걸음 밖에서도 들릴 정도였지요.

어느 날, 곰은 아리따운 곰 한 마리를 보게 되었어요. 아리따운 곰은 열심히 **꼬츨** 따고 있었어요. 옆에 다른 곰이 있는 줄도 모르고 말이에요. 웃음소리가 큰 곰은 속으로 생각했어요. '내 짝을 찾았다!' 하고 말이에요. 곰은 신이 나서 그만 크게 **웃음**을 터뜨리고 말았어요.

"하하!"

그 소리가 어찌나 컸던지 산새들이 푸드덕 날아가고, 산짐승들이 우당탕 도망갈 정도였어요. 그 바람에 꽃을 따던 곰까지 "어머나!" 하고는 도망을 쳤답니다.

◁ **문장** 바르게 고쳐 쓰기 ▷

4 다음 밑줄 친 부분을 바르게 고쳐 문장을 다시 쓰세요.

❶ <u>우슴소리</u>가 아주 큰 곰이 살고 있었어요.

⇨ _____

❷ 아리따운 곰은 열심히 <u>꼬츨</u> 따고 있었어요.

⇨ _____

◁ **문장** 만들어 쓰기 ▷

5 다음 낱말 중 한 가지를 넣어, 웃음소리가 큰 곰에게 하고 싶은 말을 문장으로 쓰세요.

| 웃음 | 꽃을 | 웃음소리 |

✏️ _____

받아쓰기

정답 및 해설 12 쪽

1 낱말 쓰기

1
2
3

4
5
6

2 문장 쓰기

1

2

3

4

5

6

12 ㅋ, ㅌ, ㅍ 받침이 뒤로 넘어가서 소리 나는 말

쏙쏙 맞춤법

	읽을 때	쓸 때
ㅋ, ㅌ, ㅍ 받침이 뒤에 오는 모음과 만나면	ㅋ, ㅌ, ㅍ이 뒤로 넘어가서 소리가 나요. 예 [수프로]	ㅋ, ㅌ, ㅍ 받침을 그대로 살려서 써요. 예 숲으로

맞춤법 연습

	이렇게 소리 나요!	따라 쓰세요!
깊이	[기피]	깊 이
부엌에	[부어케]	부 엌 에
밑으로	[미트로]	밑 으 로

낱말 바르게 쓰기

1 다음 그림을 보고, 잘못 쓴 낱말을 찾아 바르게 고쳐 쓰세요.

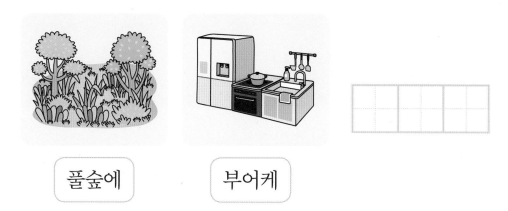

풀숲에   부어케

문장 속 낱말 바르게 쓰기

2 다음 문장의 빈칸에 들어갈 알맞은 낱말을 보기 에서 찾아 쓰세요.

| 보기 | 가타요 | 같아요 | 흐터져요 | 흩어져요 |

❶ 나와 친구는 키가 [ ][ ][ ] .

❷ 개미들이 뿔뿔이 [ ][ ][ ][ ] .

문장 바르게 쓰기

3 다음 중 바르게 쓴 낱말을 찾아 ○표 하고, 문장을 다시 쓰세요.

❶ 땅을 (기피 / 깊이) 팠어요.

❷ 풍선이 (노피 / 높이) 떠요.

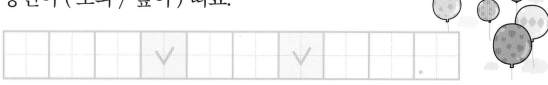

수페 사는 복슬복슬한 곰은 요리를 좋아해요. 그래서 매일 **부엌에서** 맛있는 요리를 하지요.

"음, 어디서 맛있는 냄새가 나는 걸까?"

하루는 숲에 사는 늑대가 곰의 부엌에서 나는 요리 냄새를 맡았어요.

'흐흐, 곰이 없을 때 음식을 다 먹어 버려야지.'

그때, 곰이 집 밖으로 나와서 어디론가 갔어요. 늑대는 잽싸게 부엌문 **미트로** 기어들어 갔지요. 그러고는 곰이 만들어 놓은 음식을 모두 먹어 버렸어요.

배가 부른 늑대는 다시 집 밖으로 나가려고 했어요. 하지만 부른 배 때문에 도저히 나갈 수가 없었어요. 문 아래에 배가 끼고 말았거든요. 늑대는 곰이 올 때까지 한참 동안 문 아래에서 끙끙대고 있었답니다.

◁ 문장 바르게 고쳐 쓰기 ▷

4 다음 밑줄 친 부분을 바르게 고쳐 문장을 다시 쓰세요.

❶ <u>수페</u> 사는 복슬복슬한 곰은 요리를 좋아해요.

⇨ _____

❷ 늑대는 잽싸게 부엌문 <u>미트로</u> 기어들어 갔지요.

⇨ _____

◁ 문장 만들어 쓰기 ▷

5 다음 규칙에 맞게 문장을 만들어 쓰세요.

> 규칙 ① ㅋ, ㅌ, ㅍ 받침이 뒤로 넘어가서 소리 나는 낱말을 한 가지 이상 넣어서 써요.
> ② 늑대에게 해 주고 싶은 말을 써요.

✏ _____

받아쓰기

1 낱말 쓰기

1

2

3

4

5

6

2 문장 쓰기

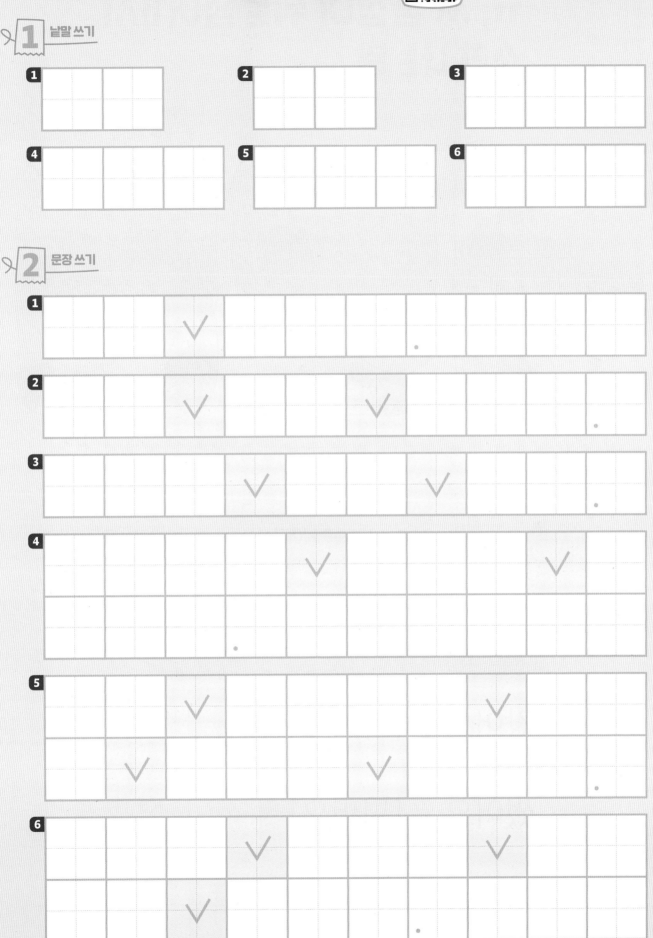

13 ㄲ, ㅆ 받침이 뒤로 넘어가서 소리 나는 말

쏙쏙 맞춤법

ㄲ, ㅆ 받침이 뒤에 오는 모음과 만나면	**읽을 때**	**쓸 때**
	ㄲ, ㅆ이 뒤로 넘어가서 소리가 나요. 예 [다까요]	ㄲ, ㅆ 받침을 그대로 살려서 써요. 예 닦아요

맞춤법 연습

	이렇게 소리 나요!	따라 쓰세요!
갔어요	[가써요]	갔 어 요
썼어요	[써써요]	썼 어 요
볶음밥	[보끔밥]	볶 음 밥

◁ 낱말 바르게 쓰기

1 다음 중 바르게 쓴 낱말에 ○표 하고, 빈칸에 쓰세요.

❶
겨꺼요

겪어요

❷
샀어요

사써요

◁ 문장 속 낱말 바르게 쓰기

2 다음 문장의 빈칸에 들어갈 낱말로 알맞은 것에 ○표 하고, 바르게 쓰세요.

❶ (연필까끼 / 연필깎이)

로 연필을 깎아요.

❷ (빠졌어요 / 빠져써요)

당나귀가 물에　　　　　.

◁ 문장 바르게 쓰기

3 다음 밑줄 친 낱말을 바르게 고쳐 문장을 다시 쓰세요.

❶ 리본을 <u>무꺼요</u>.

❷ 편지를 <u>써써요</u>.

숲속 동물 나라에 **보끔밥** 잔치가 열렸어요. 장소는 요리를 잘하시는 너구리 할머니 댁이에요. 동물들은 재료를 가지고 너구리 할머니 댁으로 **갔어요.**

토끼는 당근을 가져왔고, 쥐는 쌀을 가져왔어요. 그리고 두더지는 감자를 가져왔지요.

너구리 할머니는 먼저 당근과 감자를 잘게 **다져써요.** 그러고는 프라이팬에 다진 당근과 감자를 넣고 잘 **볶았어요.** 밥도 넣고, 소금으로 간도 **했어요.**

그때, 다람쥐가 시무룩한 얼굴로 쭈뼛쭈뼛 다가왔어요.

"난 아무것도 가져오지 **못했어.**"

"괜찮아. 나눠 먹으면 되지."

숲속 동물들은 다람쥐와 함께 볶음밥을 나눠 먹었어요. 함께 먹으니 더 맛있었답니다.

◁ 문장 **바르게 고쳐 쓰기** ▷

4 **다음 밑줄 친 부분을 바르게 고쳐 문장을 다시 쓰세요.**

❶ 숲속 동물 나라에 <u>보끔밥</u> 잔치가 열렸어요.

⇨ _____

❷ 당근과 감자를 잘게 <u>다져써요.</u>

⇨ _____

◁ 문장 **만들어 쓰기** ▷

5 **다음 낱말 중 한 가지를 넣어, 동물들에게 하고 싶은 말을 문장으로 쓰세요.**

| 볶음밥 | 볶았어 | 했어 |

✏ _____

받아쓰기 듣고 따라쓰기

정답 및 해설 14쪽

1 낱말 쓰기

1

2

3

4

5

6

2 문장 쓰기

1

2

3

4

5

6

3장

받침이 대표 소리로
소리 나는 말을 써요

글자와 소리가 다르게 나는 받침이 있어요.

원래 받침 소리가 아니라 대표 소리로 소리 나는 거예요.

하지만 쓸 때는 소리 나는 대로 쓰면 안 되고, 원래 받침을 살려서 써야 해요.

14 받침이 [ㄱ]으로 소리 나는 말

쏙쏙 맞춤법

	읽을 때	쓸 때
ㄱ, ㄲ, ㅋ 받침은	모두 대표 소리인 [ㄱ]으로 소리 나요. 예 솎다[속따], 속다[속따]	원래 받침을 그대로 살려서 써야 해요. 예 솎다, 속다

맞춤법 연습

	이렇게 소리 나요!	따라 쓰세요!
가족	[가족]	가 족
문밖	[문박]	문 밖
부엌	[부억]	부 엌

◁ **낱말** 바르게 쓰기 ▷

1 다음 그림을 보고, 빈칸에 들어갈 알맞은 받침을 쓰세요.

❶ 문 바 □

❷ 가 조 □

❸ 한 보 □

❹ 키 으 □

◁ 문장 속 **낱말** 바르게 쓰기 ▷

2 다음 중 문장의 빈칸에 들어갈 알맞은 낱말을 찾아 쓰세요.

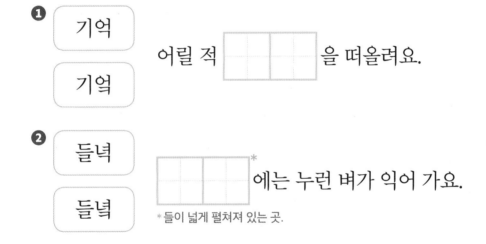

❶ 기억 / 기억

어릴 적 □□을 떠올려요.

❷ 들녁 / 들녘

□□에는 누런 벼가 익어 가요.*

*들이 넓게 펼쳐져 있는 곳.

◁ 문장 바르게 쓰기 ▷

3 다음 밑줄 친 낱말을 바르게 고쳐 문장을 다시 쓰세요.

❶ 창박을 내다봐요.

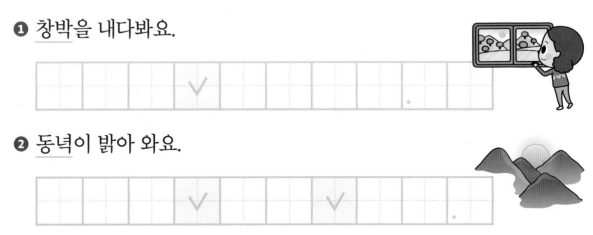

❷ 동녁이 밝아 와요.

빨강, 주황, 노랑 등 여러 **색깔**이 모여 사는 나라가 있었어요. 그런데 어느 날, 색깔 나라에 검정이 나타났어요.

"으악! 너는 색깔이 그게 뭐니? 칙칙해!"

"너무 어두워."

색깔들이 한 말에 속상해진 검정은 **부억** 안으로 들어갔어요. 맛있는 걸 먹으면 기분이 좋아질 것 같았거든요. 검정은 요리에 여러 색깔 소스*를 하나씩 섞기 시작했어요. 빨강, 주황, 노랑 소스에 이어 초록, 파랑, 남색 소스까지 넣었지요. 마지막으로 보라 소스도 넣었어요.

창박에서 그 모습을 보고 있던 색깔들은 깜짝 놀랐어요. 색깔 소스를 모두 섞었더니 검정이 되었거든요. 색깔들은 검정을 놀린 것이 미안해졌답니다.

*소스(sauce): 맛을 돋우기 위하여 넣어 먹는 걸쭉한 액체.

◁ 문장 **바르게 고쳐 쓰기** ▷

4 다음 밑줄 친 부분을 바르게 고쳐 문장을 다시 쓰세요.

❶ 속상해진 검정은 <u>부억</u> 안으로 들어갔어요.

⇨ _____

❷ <u>창박</u>에서 그 모습을 보고 있던 색깔들은 깜짝 놀랐어요.

⇨ _____

◁ 문장 **만들어 쓰기** ▷

5 다음 규칙에 맞게 문장을 만들어 쓰세요.

> 규칙 ① 받침이 [ㄱ]으로 소리 나는 낱말을 넣어서 써요.
> ② 색깔들에게 해 주고 싶은 말을 써요.

✎ _____

받아쓰기

 듣고 따라 쓰기

정답 및 해설 15쪽

1 낱말 쓰기

1

2

3

4

5

6

2 문장 쓰기

1

2

3

4

5

6

낱말 쓰기

15 받침이 [ㄷ]으로 소리 나는 말

쏙쏙 맞춤법

	읽을 때	쓸 때
ㄷ, ㅅ, ㅈ, ㅊ, ㅌ 받침은	모두 대표 소리인 [ㄷ]으로 소리 나요. 예 윷[윧], 꽃[꼳], 붓[붇]	원래 받침을 그대로 살려서 써야 해요. 예 윷, 꽃, 붓

맞춤법 연습

	이렇게 소리 나요!	따라 쓰세요!
이웃	[이욷]	이 웃
땡볕	[땡볃]	땡 볕
밤낮	[밤낟]	밤 낮

◁ **낱말** 바르게 쓰기 ▷

1 다음 중 바르게 쓴 낱말에 ○표 하고, 빈칸에 쓰세요.

❶
땡볕

땡볕

❷
빛깔

빈깔

◁ **문장 속 낱말** 바르게 쓰기 ▷

2 다음 문장의 빈칸에 들어갈 낱말로 알맞은 것에 ○표 하고, 바르게 쓰세요.

❶

(벚꼳 / 벚꽃)

이 예쁘게 피었어요.

❷

(이웃 / 이운)

과 맛있는 음식을 나눠요.

◁ **문장** 바르게 쓰기 ▷

3 다음 중 바르게 쓴 낱말을 찾아 ○표 하고, 문장을 다시 쓰세요.

❶ (단팓 / 단팥)이 달콤해요.

❷ 예쁜 (그릇 / 그른)을 샀어요.

차가운 바람이 **밤낮** 멈추지 않고 불었어요. 밤새 눈이 내려 주위는 온통 하얀 **눈밭**이었지요. 작은 **씨았**은 몸을 잔뜩 움츠렸어요. 너무 추워서 몸이 저절로 덜덜 떨렸어요.

'아, 이대로는 버티지 못할 것 같아.'

작은 씨앗은 추위 때문에 정신을 잃을 것 같았어요. 그때, 어디선가 따뜻한 속삭임이 들렸어요.

"힘을 내. 작은 씨앗아, 이제 **곧** 봄이 올 거야. 그러면 너는 예쁜 **꽃**을 피울 수 있어."

작은 씨앗은 정신이 반짝 들었어요.

'그래, 난 따뜻한 봄을 기다릴 거야.'

작은 씨앗은 예쁜 꽃을 피울 그날을 기다리기로 굳게 마음먹었답니다.

◁ 문장 **바르게 고쳐 쓰기** ▷

4 다음 밑줄 친 부분을 바르게 고쳐 문장을 다시 쓰세요.

❶ 주위는 온통 하얀 눈밭이었지요.

⇨ _____

❷ 작은 씨았은 몸을 잔뜩 움츠렸어요.

⇨ _____

◁ 문장 **만들어 쓰기** ▷

5 다음 낱말 중 한 가지를 넣어, 작은 씨앗에게 용기를 줄 수 있는 말을 문장으로 쓰세요.

곧	꽃	눈밭	밤낮	씨앗

✎ _____

받아쓰기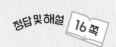

정답 및 해설 16쪽

1 낱말 쓰기

1
2
3
4
5
6

2 문장 쓰기

1
2
3
4
5
6

16 받침이 [ㅂ]으로 소리 나는 말

엄마! 잎 나왔어요!

저도 잎 나왔어요!

아니, 왜 다들 입이 나왔어? 무슨 일이야? 또 누구랑 싸운 거니?

아니요. 저희가 키운 식물에서 잎 나왔다고요!

그 잎, 말한 것이구나. 너무 예쁘다. 우리 병아리들 정말 기특하네.

쏙쏙 맞춤법

	읽을 때	쓸 때
ㅍ, ㅍ 받침은	모두 대표 소리인 [ㅂ]으로 소리 나요. 예 잎[입], 입[입]	원래 받침을 그대로 살려서 써야 해요. 예 잎, 입

맞춤법 연습

이렇게 소리 나요! 따라 쓰세요!

배꼽	[배꼽]	배 꼽
헝겊	[헝겁]	헝 겊
앞치마	[압치마]	앞 치 마

낱말 바르게 쓰기

1 다음 그림을 보고, 잘못 쓴 낱말을 찾아 바르게 고쳐 쓰세요.

아홉   헝겁

문장 속 낱말 바르게 쓰기

2 다음 문장의 빈칸에 들어갈 알맞은 낱말을 보기에서 찾아 쓰세요.

보기	정답	정닶	압쪽	앞쪽

❶ 이 문제의 [   ]은 무엇일까요?

❷ 교실 [   ]에는 칠판이 있어요.

문장 바르게 쓰기

3 다음 밑줄 친 낱말을 바르게 고쳐 문장을 다시 쓰세요.

❶ 압치마를 둘렀어요.* *둘렀어요: 띠나 수건, 치마 등을 몸에 휘감았어요.

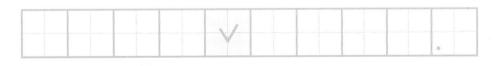

❷ 숩에 동물이 살아요.

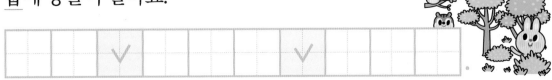

어느 날, 태호는 넘어지면서 **무릎**이 땅에 부딪혀서 피부가 까졌어요. 그래서 엄마는 태호를 데리고 **집 압** 약국으로 갔어요.

"엄마, 저 반창고 말고 다른 것도 사 주시면 안 돼요?"

태호는 엄마께 아주 커다란 통에 든 비타민을 들어 보였어요.

"응? 우리는 작은 반창고를 사러 왔잖아. 이렇게 큰 다른 것도 산다고? 배보다 **배꼽**이 더 크다는 속담*이 딱 맞네."

"네? 배보다 배꼽이 어떻게 더 클 수 있어요?"

"우리 태호가 지금 사려는 게 그런 거지. 원래 필요한 것보다 덧붙이는 것이 훨씬 큰 경우니까 말이야."

엄마는 조용히 웃었답니다.

*속담: 옛날부터 사람들 사이에서 얘기되는, 교훈이나 풍자가 담긴 짧은 말.

◁ **문장** 바르게 고쳐 쓰기 ▷

4 **다음 밑줄 친 부분을 바르게 고쳐 문장을 다시 쓰세요.**

❶ <u>무릎</u>이 땅에 부딪혀서 피부가 까졌어요.

⇨ _____

❷ 엄마는 태호를 데리고 <u>집 압</u> 약국으로 갔어요.

⇨ _____

◁ **문장** 만들어 쓰기 ▷

5 **다음 규칙에 맞게 문장을 만들어 쓰세요.**

> 규칙 ① 받침이 [ㅂ]으로 소리 나는 낱말을 넣어서 써요.
> ② 태호에게 해 주고 싶은 말을 써요.

✎ _____

받아쓰기

 듣고 따라 쓰기

정답 및 해설 17쪽

1 낱말 쓰기

1

2

3

4

5

6

2 문장 쓰기

1

2

3

4

5

6

4 장

받침 때문에 된소리가 나는 말을 써요

'ㄲ, ㄸ, ㅃ, ㅆ, ㅉ'과 같이 발음이 센 자음자를 '된소리'라고 해요.
받침과 뒤 글자의 첫 자음자가 만날 때 뒤 글자의 첫 자음자가
된소리로 소리 나는 낱말들이 있어요. 하지만 쓸 때는
소리 나는 대로 쓰지 않고 원래 자음자를 살려 써야 해요.

17 ㄱ, ㄷ, ㅂ 받침 뒤에서 된소리가 나는 말

쏙쏙 맞춤법

ㄱ, ㄷ, ㅂ 받침 뒤에 오는 글자의 첫소리 ㄱ, ㄷ, ㅂ, ㅅ, ㅈ은	**읽을 때** 된소리인 [ㄲ, ㄸ, ㅃ, ㅆ, ㅉ]으로 소리 나요. 예 [깍뚜기], [옥쑤수], [급씩]	**쓸 때** 원래 자음자를 살려서 써요. 예 깍두기, 옥수수, 급식

맞춤법 연습

	이렇게 소리 나요!	따라 쓰세요!
껍질	[껍찔]	껍 질
돋보기	[돋뽀기]	돋 보 기
깍두기	[깍뚜기]	깍 두 기

◁ **낱말** 바르게 쓰기 ▷

1 다음 그림을 보고, 잘못 쓴 **낱말**을 찾아 바르게 고쳐 쓰세요.

| 학교 | | 악끼 |

◁ **문장 속 낱말** 바르게 쓰기 ▷

2 다음 중 문장의 빈칸에 들어갈 알맞은 **낱말**을 찾아 쓰세요.

❶
| 책장 |
| 책짱 |

에는 많은 책이 꽂혀 있어요.

❷
| 돋뽀기 |
| 돋보기 |

할머니께서는 　　　　로 신문을 읽으세요.

◁ **문장** 바르게 쓰기 ▷

3 다음 밑줄 친 **낱말**을 바르게 고쳐 문장을 다시 쓰세요.

❶ <u>박쑤</u>를 짝짝 쳐요.

❷ 양파 <u>껍찔</u>을 까요.

소은이는 **깍두기**를 싫어했어요. **학교** 급식에 깍두기가 나오는 날이면 늘 걱정이 되었지요. '어떻게 하면 깍두기를 먹지 않을 수 있을까?' 하고 말이에요. 그런데 오늘 **급씩**으로 또 깍두기가 나왔어요.

'어떻게 하지?'

소은이는 깍두기를 조심스럽게 **숟까락**에 담았어요. 몰래 빼서 버리려다가 그만 선생님과 눈이 딱 마주치고 말았어요.

깜짝 놀란 소은이는 깍두기를 입에 쏙 넣어 버렸어요.

'아삭아삭!'

소은이는 깍두기를 씹어 보고 놀랐어요. 생각보다 맛있었거든요. 그 뒤로 소은이는 더 이상 깍두기 때문에 걱정하지 않게 되었답니다.

◁ 문장 바르게 고쳐 쓰기 ▷

4 **다음 밑줄 친 부분을 바르게 고쳐 문장을 다시 쓰세요.**

❶ 오늘 급씩으로 또 깍두기가 나왔어요.

⇨ _____

❷ 소은이는 깍두기를 조심스럽게 숟까락에 담았어요.

⇨ _____

◁ 문장 만들어 쓰기 ▷

5 **다음 낱말 중 한 가지를 넣어, 소은이에게 하고 싶은 말을 문장으로 쓰세요.**

급식	학교	깍두기

✎ _____

받아쓰기

 듣고 따라 쓰기

정답 및 해설 18쪽

1 낱말 쓰기

1

2

3

4

5

6

2 문장 쓰기

1

2

3

4

5

6

18 ㄴ, ㄹ, ㅁ, ㅇ 받침 뒤에서 된소리가 나는 말

쓱쓱 맞춤법

ㄴ, ㄹ, ㅁ, ㅇ 받침 뒤에 오는 글자의 첫소리 ㄱ, ㄷ, ㅂ, ㅅ, ㅈ은

읽을 때

된소리인 [ㄲ, ㄸ, ㅃ, ㅆ, ㅉ]으로 소리 나요.

예 [산뿔]

쓸 때

원래 자음자를 살려서 써요.

예 산불

맞춤법 연습

	이렇게 소리 나요!	따라 쓰세요!
물감	[물깜]	물 감
장난감	[장난깜]	장 난 감
보름달	[보름딸]	보 름 달

낱말 바르게 쓰기

1 다음 그림을 보고, 빈칸에 들어갈 알맞은 자음자를 쓰세요.

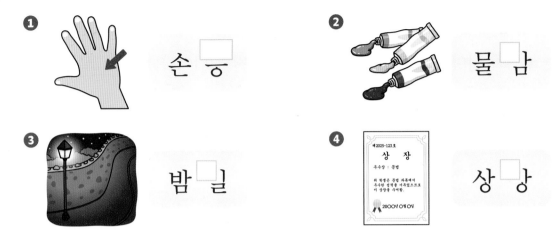

❶ 손 등

❷ 물 감

❸ 밤 길

❹ 상 장

문장 속 낱말 바르게 쓰기

2 다음 문장의 빈칸에 들어갈 알맞은 낱말을 보기 에서 찾아 쓰세요.

| 보기 | 발가락 | 발까락 | 장난감 | 장난깜 |

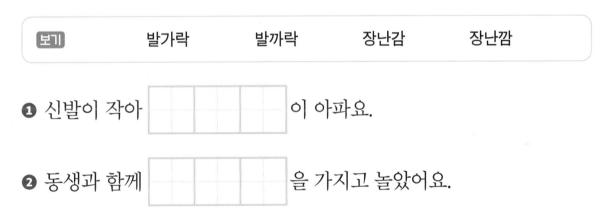

❶ 신발이 작아 ⬚⬚⬚ 이 아파요.

❷ 동생과 함께 ⬚⬚⬚ 을 가지고 놀았어요.

문장 바르게 쓰기

3 다음 중 바르게 쓴 낱말을 찾아 ○표 하고, 문장을 다시 쓰세요.

❶ (보름딸 / 보름달)이 떴어요.

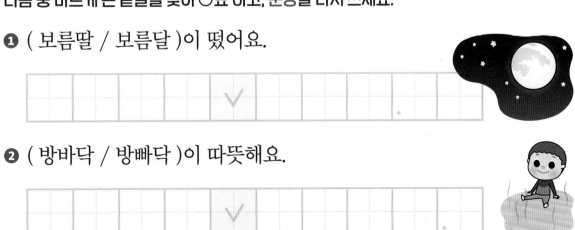

❷ (방바닥 / 방빠닥)이 따뜻해요.

"불이야! 불!"

보름달이 환하게 밝은 밤, 산이 보름달보다 더 밝게 불타고 있었어요. **산새**는 후드득 날아오르고, 동물들도 놀라 이리저리 뛰어다녔지요. 모두 도망칠 생각만 했어요. 불이 너무 세서 끌 수 없을 것 같았거든요.

그때 작은 다람쥐가 외쳤어요.

"불을 꺼야 해요. 모두 물을 가져와요!"

다람쥐의 말에 그제야 동물들은 정신을 차렸어요. 그리고 서둘러 **강가**로 달려갔어요. 누구 하나 게으름을 피우지 않고 **열씸히** 물을 날랐어요.

한참 뒤, 모두의 노력 덕분에 **산뿔**을 끌 수 있었어요. 동물들은 안심할 수 있었지요. 그리고 힘을 합치면 어려운 일도 해낼 수 있다는 것을 깨닫게 되었답니다.

문장 바르게 고쳐 쓰기

4 다음 밑줄 친 부분을 바르게 고쳐 문장을 다시 쓰세요.

❶ 게으름을 피우지 않고 <u>열씸히</u> 물을 날랐어요.

⇨ _____

❷ 모두의 노력 덕분에 <u>산뿔</u>을 끌 수 있었어요.

⇨ _____

문장 만들어 쓰기

5 다음 낱말 중 한 가지를 넣어, 동물들에게 해 주고 싶은 말을 문장으로 쓰세요.

열심히	강가	산불

✏️ _____

받아쓰기

1 낱말 쓰기

1

2

3

4

5

6

2 문장 쓰기

1

2

3

4

5

6

19 ㅋ, ㄲ, ㅍ 받침 뒤에서 된소리가 나는 말

🐛🐛
쏙쏙
맞춤법

	읽을 때	**쓸 때**
ㅋ, ㄲ, ㅍ 받침 뒤에 오는 글자의 첫소리 ㄱ, ㄷ, ㅂ, ㅅ, ㅈ은	된소리인 [ㄲ, ㄸ, ㅃ, ㅆ, ㅉ]으로 소리 나요. 예 [꺽찌]	원래 자음자를 살려서 써요. 예 꺾지

🐛 **맞춤법 연습**

이렇게 소리 나요!　　　　따라 쓰세요!

낚시	[낙씨]	낚 시
잎사귀	[입싸귀]	잎 사 귀
남녘도	[남녁또]	남 녘 도

낱말 바르게 쓰기

1 다음 그림을 보고, 잘못 쓴 낱말을 찾아 바르게 고쳐 쓰세요.

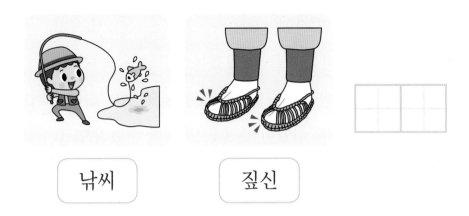

낚씨   짚신

문장 속 낱말 바르게 쓰기

2 다음 중 문장의 빈칸에 들어갈 알맞은 낱말을 찾아 쓰세요.

❶
입싸귀

잎사귀

나무에 [   ] 가 많이 달려 있어요.

❷
부엌과

부억꽈

제 방은 [   ] 붙어 있는 곳이에요.

문장 바르게 쓰기

3 다음 중 바르게 쓴 낱말을 찾아 ○표 하고, 문장을 다시 쓰세요.

❶ (덥깨 / 덮개)를 씌워요.

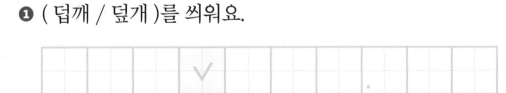

❷ 나무를 (꺽찌 / 꺾지) 마세요.

이른 봄날이었어요. 따뜻한 **남녁또** 아직은 추운 날씨였지요. 요정 할머니는 **숲속**에 갔다가 갓 돋아난 새싹을 발견했어요.

"어머, 이 새싹으로 맛있는 요리를 만들 수 있겠는걸?"

요정 할머니는 얼른 집으로 돌아와서 요리를 시작했어요. 먼저 숲에서 미리 따 둔 버섯을 **복꼬**, 익힌 고기와 잘 섞었어요. 소금도 살짝 뿌렸지요. 요정 할머니는 그릇에 밥을 담고 준비한 재료들을 하나하나 올렸어요.

"어머, 가장 중요한 걸 잊을 뻔했네."

요정 할머니는 방금 숲속에서 따 온 새싹을 맨 위에 올렸어요. 숲의 향기가 가득한 '숲속 **덮밥**'이 완성되었지요. 봄을 기다리는 마음이 담긴 따뜻한 덮밥이었답니다.

◁ 문장 바르게 고쳐 쓰기 ▷

4 **다음 밑줄 친 부분을 바르게 고쳐 문장을 다시 쓰세요.**

❶ 따뜻한 <u>남녁또</u> 아직은 추운 날씨였지요.

⇨ _____

❷ 버섯을 <u>복꼬</u>, 익힌 고기와 잘 섞었어요.

⇨ _____

◁ 문장 만들어 쓰기 ▷

5 **다음 낱말 중 한 가지를 넣어, 요정 할머니께 만들어 달라고 하고 싶은 요리를 문장으로 쓰세요.**

숲속	볶고	덮밥

✏ _____

받아쓰기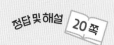

정답 및 해설 20쪽

1 낱말 쓰기

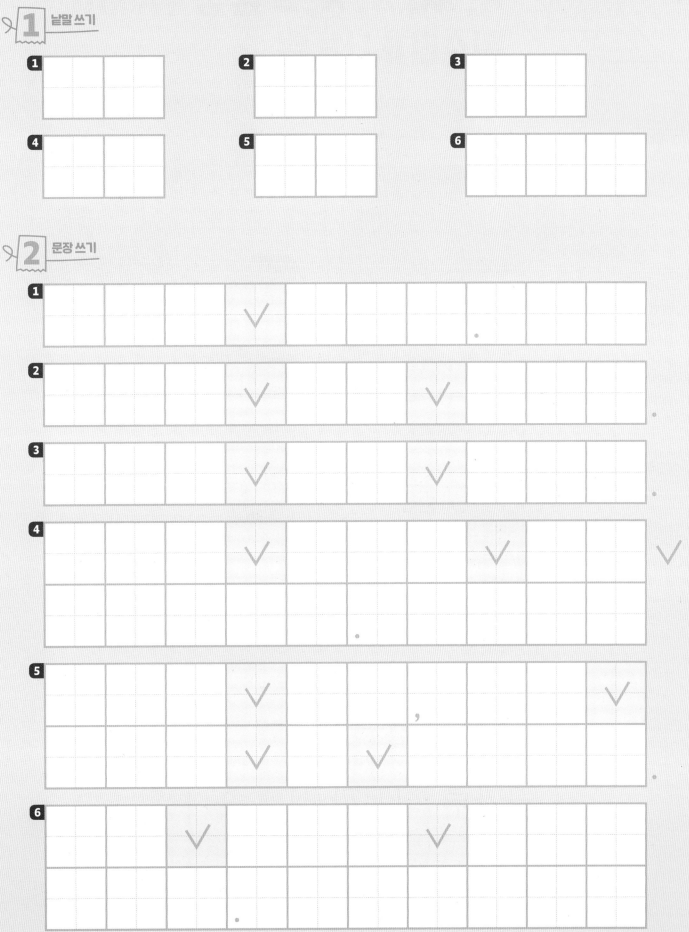

2 문장 쓰기

20 ㅅ, ㅆ, ㅈ, ㅊ, ㅌ 받침 뒤에서 된소리가 나는 말

쏙쏙 맞춤법

ㅅ, ㅆ, ㅈ, ㅊ, ㅌ 받침 뒤에 오는 글자의 첫소리 ㄱ, ㄷ, ㅂ, ㅅ, ㅈ은

읽을 때

된소리인 [ㄲ, ㄸ, ㅃ, ㅆ, ㅉ]으로 소리 나요.
예 [곧깜]

쓸 때

원래 자음자를 살려서 써요.
예 곶감

맞춤법 연습

	이렇게 소리 나요!	따라 쓰세요!
옷장	[옫짱]	옷 장
꽃가루	[꼳까루]	꽃 가 루
늦가을	[는까을]	늦 가 을

낱말 바르게 쓰기

1 다음 중 바르게 쓴 낱말에 ○표 하고, 빈칸에 쓰세요.

❶ 늦다

늗따

❷ 잗따

잤다

문장 속 낱말 바르게 쓰기

2 다음 문장의 빈칸에 들어갈 낱말로 알맞은 것에 ○표 하고, 바르게 쓰세요.

❶ (꼳까루 / 꽃가루)

　　　　가 바람에 날려요.

❷ (돌솓빱 / 돌솥밥)

따뜻한 　　　　이 정말 맛있어요.

문장 바르게 쓰기

3 다음 밑줄 친 낱말을 바르게 고쳐 문장을 다시 쓰세요.

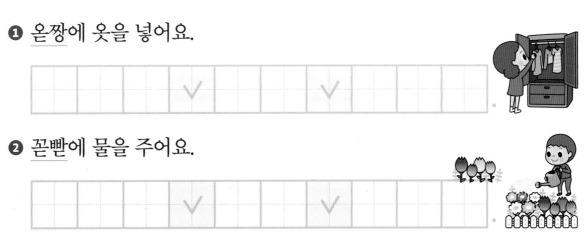

❶ <u>옫짱</u>에 옷을 넣어요.

❷ <u>꼳빧</u>에 물을 주어요.

늦가을이 깊어지던 어느 날, **꽃게** 한 마리가 **바닷가**에 나타났어요. 배가 너무 고팠던 꽃게는 바닷가 근처 작은 집으로 살금살금 들어갔어요. 작은 집의 부엌에는 여러 가지 음식이 가득했어요.

꽃게는 잘 익은 **햇깜자**를 몰래 먹었어요. 달콤하게 끓인 **팥쭉**도 슬쩍 **맛보았지요**.

"잘 먹었다."

배가 부르자 꽃게는 집주인에게 너무 미안했어요. 음식을 몰래 먹은 게 마음에 걸렸지요. 그래서 집 마당의 흙바닥에 나뭇가지로 글을 쓰기 시작했지요.

"미안합…… 아니야. 감사합…… 아니야."

꽃게는 그렇게 한참 동안 글을 **썼다** 지웠다 했답니다. 몰래 먹은 게 너무 미안했거든요.

◁ 문장 **바르게 고쳐 쓰기** ▷

4 **다음 밑줄 친 부분을 바르게 고쳐 문장을 다시 쓰세요.**

❶ 꽃게는 잘 익은 <u>햇깜자</u>를 몰래 먹었어요.

⇨ _____

❷ 달콤하게 끓인 <u>팥쭉</u>도 슬쩍 맛보았지요.

⇨ _____

◁ 문장 **만들어 쓰기** ▷

5 **다음 낱말 중 한 가지를 넣어, 꽃게가 집주인에게 해야 하는 말을 문장으로 쓰세요.**

팥죽	햇감자	꽃게

✏️ _____

받아쓰기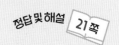

정답 및 해설 21쪽

1 낱말 쓰기

1
2
3

4
5
6

2 문장 쓰기

1

2

3

4

5

6

글 따라 쓰기

이 책에서 읽은 글의 일부분을
따라 쓰며, 배운 맞춤법을
다시 한번 확인해 보세요.

01 모음자 ㅘ가 쓰인 말

● 다음 글을 '모음자 ㅘ가 쓰인 낱말'에 유의하며 읽고 따라 쓰세요.

14쪽

달콤한 **과일** 나라가 시끌시끌했어요. 최고의 과일이 누구인지에 대해 다툼이 일어났거든요.

"과일 중에서는 내가 최고지! 다들 나를 좋아하잖아."

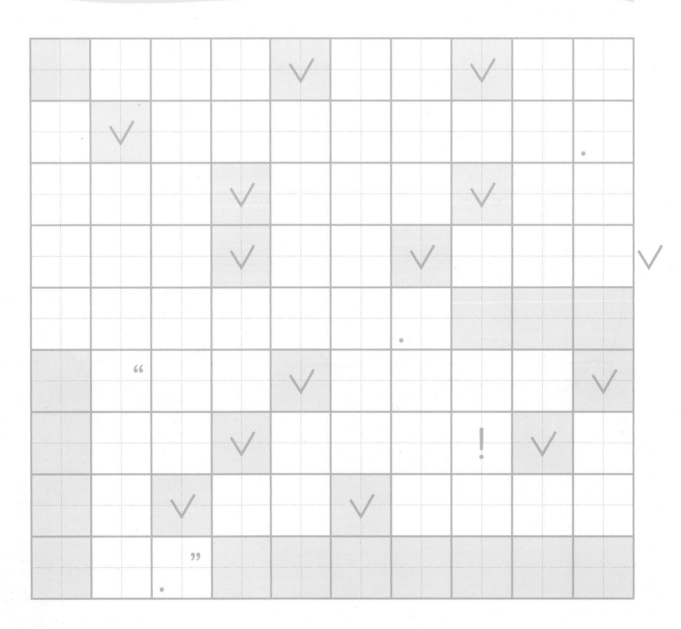

02 모음자 ㅐ, ㅔ가 쓰인 말

● 다음 글을 '모음자 ㅐ, ㅔ가 쓰인 낱말'에 유의하며 읽고 따라 쓰세요.

18 쪽

어제 친구들에게 **초대장**도 나눠 주었지요. 부모님께서는 맛있는 음식을 많이 준비해 주셨어요.

그런데 초대한 시간이 되어도 아무도 오지 않았어요.

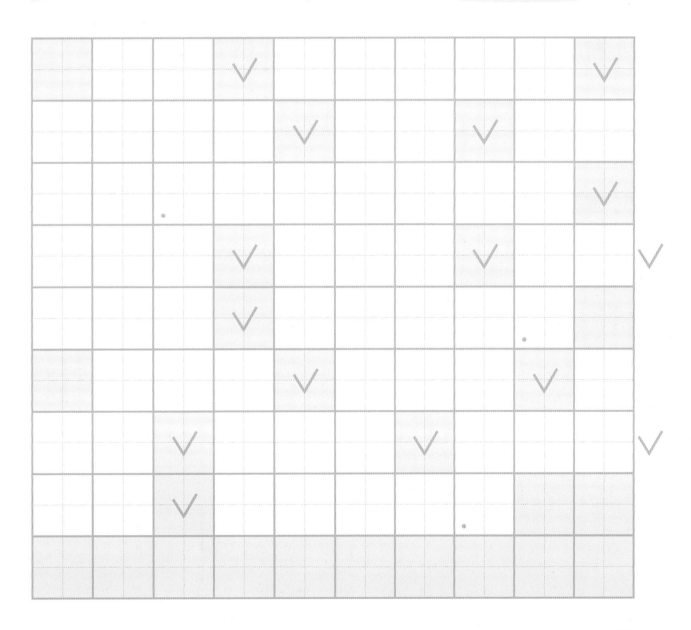

03 모음자 ㅝ, ㅟ가 쓰인 말

● 다음 글을 '모음자 ㅝ, ㅟ가 쓰인 낱말'에 유의하며 읽고 따라 쓰세요.

22쪽

한참을 걷다가, 마을에서 멀리 떨어진 **과수원**에 이르렀지요.

"어? 여기는 과수원이네. 엄마가 **위험**하다고 가지 말라고 했던 곳이잖아."

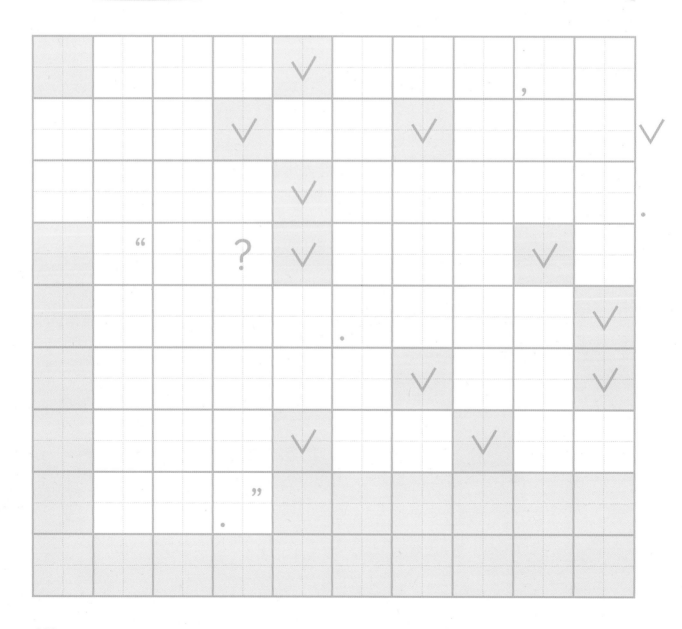

04 모음자 ㅒ, ㅖ가 쓰인 말

● 다음 글을 '모음자 ㅒ, ㅖ가 쓰인 낱말'에 유의하며 읽고 따라 쓰세요.

하지만 **식혜**를 쏟을까 봐 걱정이 되었지요.

"그래, 결심했어. 내가 본 걸 잘 **얘기**해 줘야지. **걔**들은 듣기만 해도 엄

청나게 신기해할 거야."

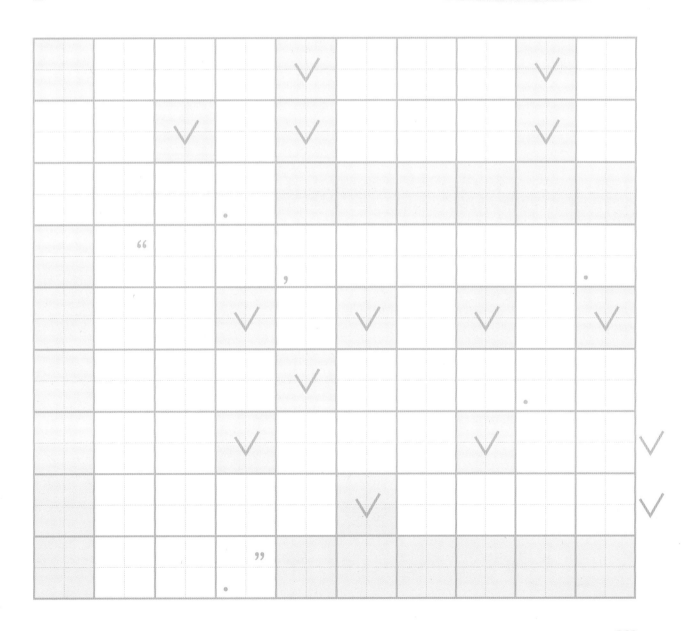

05 모음자 ㅙ, ㅞ가 쓰인 말

● 다음 글을 '모음자 ㅙ, ㅞ가 쓰인 낱말'에 유의하며 읽고 따라 쓰세요.

30쪽

분홍 **돼지**는 강아지랑 산책하러 가지 못한 것을, 병아리랑 놀지 못한 것을, 토끼의 구멍 난 옷을 **꿰매** 주지 못한 것을 두고두고 후회했답니다.

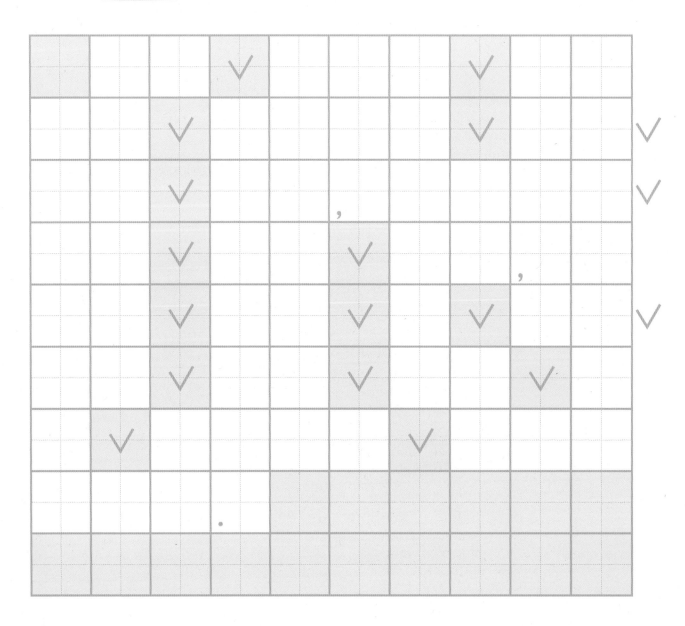

06 모음자 ㅚ, ㅢ가 쓰인 말

● 다음 글을 '모음자 ㅚ, ㅢ가 쓰인 낱말'에 유의하며 읽고 따라 쓰세요.

34쪽

> '그래, 마법사를 찾아가서 내 **외모**를 바꿔 달라고 해야겠어.'
>
> 툴툴이는 자신의 모습을 바꿀 수 있다는 **희망**에 기뻤어요.

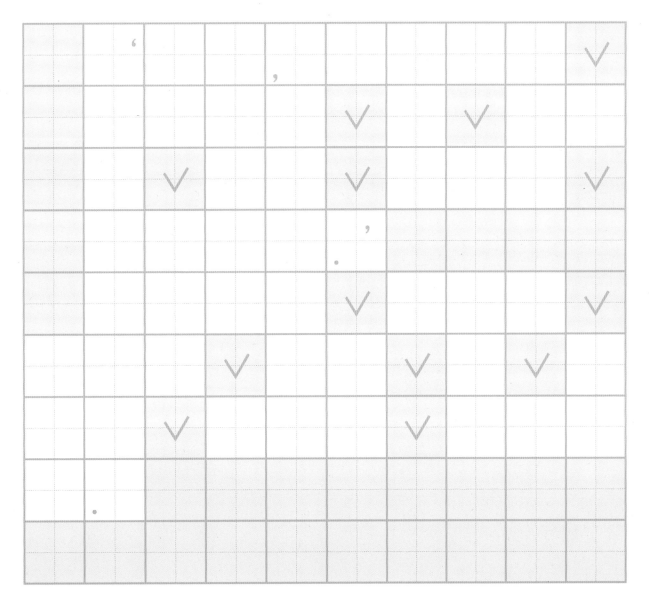

07 ㄱ 받침이 뒤로 넘어가서 소리 나는 말

● 다음 글을 'ㄱ 받침이 뒤로 넘어가서 소리 나는 말'에 유의하며 읽고 따라 쓰세요.

40쪽

> 추운 겨울 **저녁에 거북이** 가족이 모두 모였어요. 따뜻한 모닥불을 피우고 옹기종기 모여 앉았지요.
>
> 그때, 꼬마 **악어** 한 마리가 슬그머니 나타났어요.

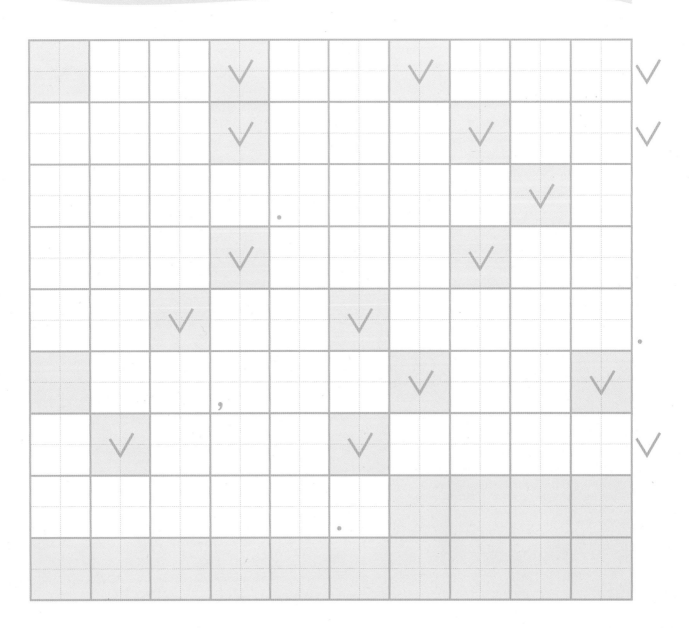

08 ㄴ 받침이 뒤로 넘어가서 소리 나는 말

● 다음 글을 'ㄴ 받침이 뒤로 넘어가서 소리 나는 말'에 유의하며 읽고 따라 쓰세요.

44쪽

처음 땅에 온 **문어** 선생은 모든 것이 놀라웠어요.

"허허, 참 신기하기도 하지."

특히 땅에 사는 동물들의 모습에서 **눈을** 뗄 수가 없었어요.

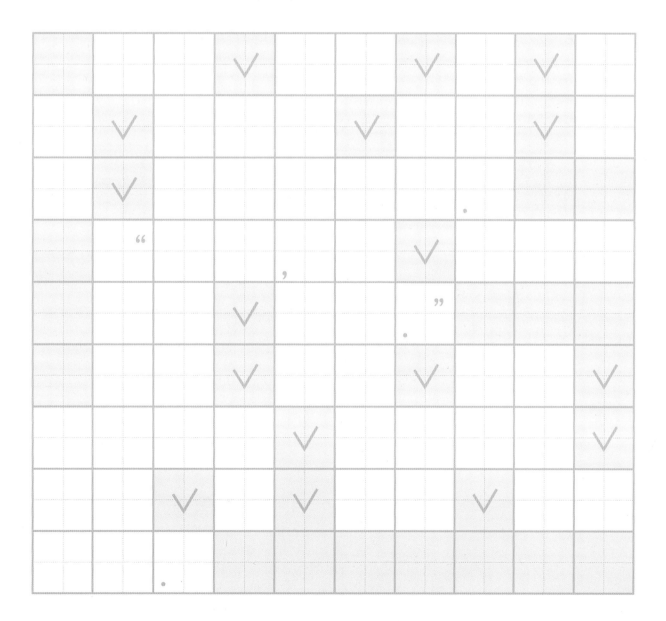

09 ㄷ, ㄹ 받침이 뒤로 넘어가서 소리 나는 말

● 다음 글을 'ㄷ, ㄹ 받침이 뒤로 넘어가서 소리 나는 말'에 유의하며 읽고 따라 쓰세요.

48쪽

지민이는 하루 종일 **놀이터**에서 신나게 놀다가 집으로 돌아왔어요. 그런데 깜깜한 밤이 되어서야 모래 놀이터에 **묻은** 자동차 장난감이 생각났어요.

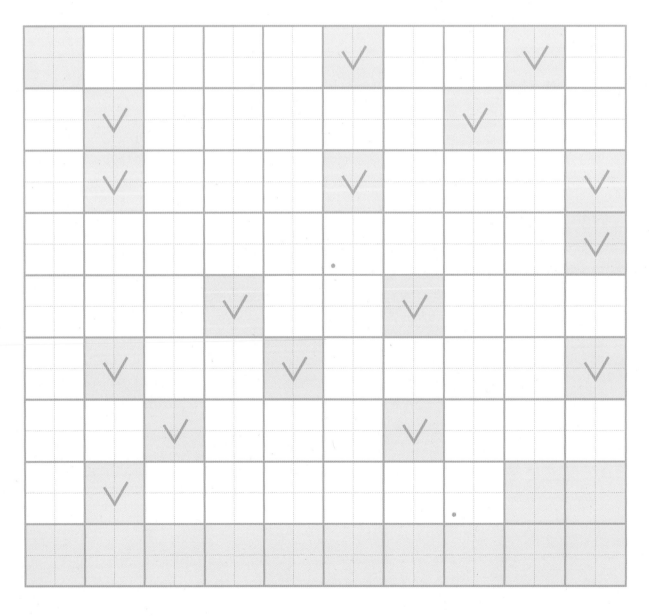

10 ㅁ, ㅂ 받침이 뒤로 넘어가서 소리 나는 말

● 다음 글을 'ㅁ 받침이 뒤로 넘어가서 소리 나는 말'에 유의하며 읽고 따라 쓰세요.

52 쪽

> 엄마 **사슴은** 부드럽게 웃으며 자장가를 불러 주었어요. **마음을** 따뜻하게 어루만져 주는 부드러운 자장가였어요. 아기 사슴은 점점 눈이 감겼어요. 스르르 **잠이** 왔지요.

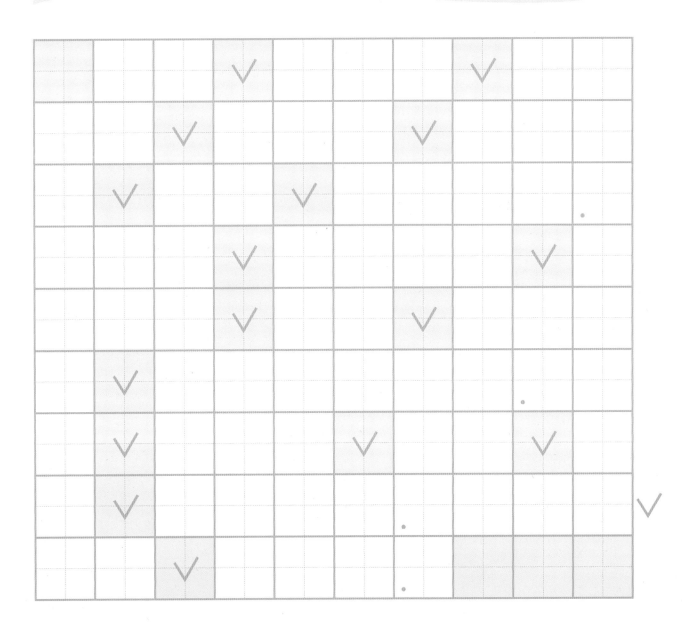

11 ㅅ, ㅈ, ㅊ 받침이 뒤로 넘어가서 소리 나는 말

● 다음 글을 'ㅅ, ㅊ 받침이 뒤로 넘어가서 소리 나는 말'에 유의하며 읽고 따라 쓰세요.

56쪽

아리따운 곰은 열심히 **꽃을** 따고 있었어요. 옆에 다른 곰이 있는 줄도 모르고 말이에요. **웃음소리**가 큰 곰은 속으로 생각했어요. '내 짝을 찾았다!' 하고 말이에요.

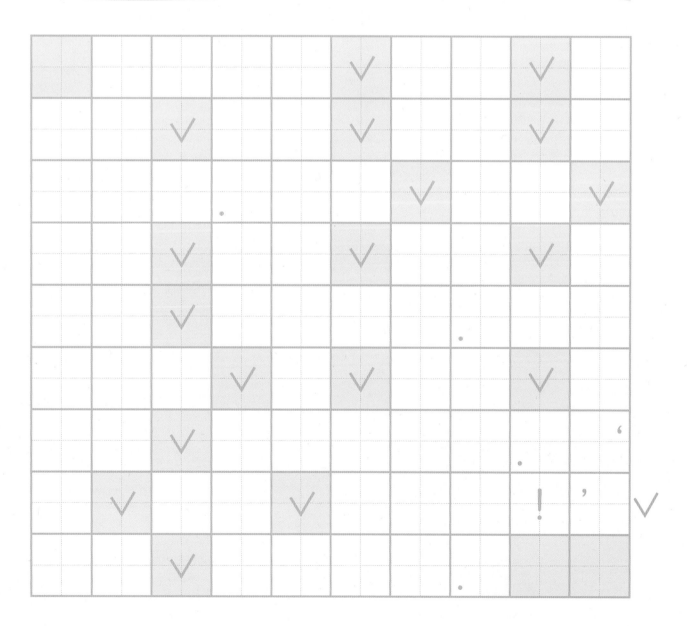

12 ㅋ, ㅌ, ㅍ 받침이 뒤로 넘어가서 소리 나는 말

● 다음 글을 'ㅋ, ㅍ 받침이 뒤로 넘어가서 소리 나는 말'에 유의하며 읽고 따라 쓰세요.

60쪽

숲에 사는 복슬복슬한 곰은 요리를 좋아해요. 그래서 매일 **부엌에서** 맛있는 요리를 하지요.

"음, 어디서 맛있는 냄새가 나는 걸까?"

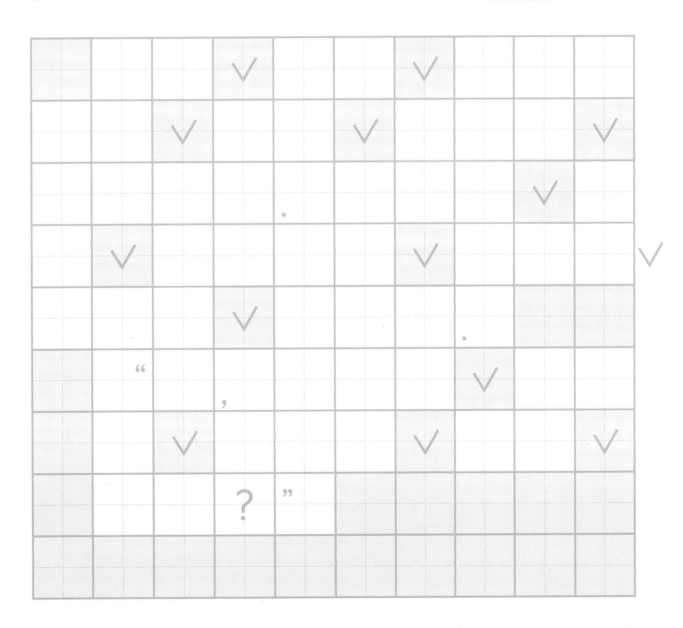

13 ㄲ, ㅆ 받침이 뒤로 넘어가서 소리 나는 말

● 다음 글을 'ㄲ, ㅆ 받침이 뒤로 넘어가서 소리 나는 말'에 유의하며 읽고 따라 쓰세요.

64쪽

　　숲속 동물 나라에 **볶음밥** 잔치가 열렸어요. 장소는 요리를 잘하시는 너구리 할머니 댁이에요. 동물들은 재료를 가지고 너구리 할머니 댁으로 **갔어요.**

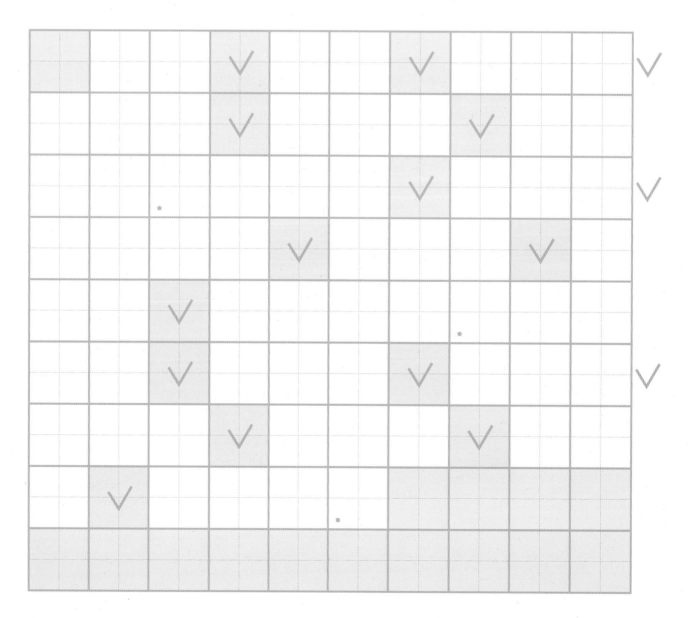

14 받침이 [ㄱ]으로 소리 나는 말

● 다음 글을 '받침이 [ㄱ]으로 소리 나는 말'에 유의하며 읽고 따라 쓰세요.

70 쪽

> **색깔**들이 한 말에 속상해진 검정은 **부엌** 안으로 들어갔어요. 맛있는 걸 먹으면 기분이 좋아질 것 같았거든요. 검정은 요리에 여러 색깔 소스를 하나씩 **섞기** 시작했어요.

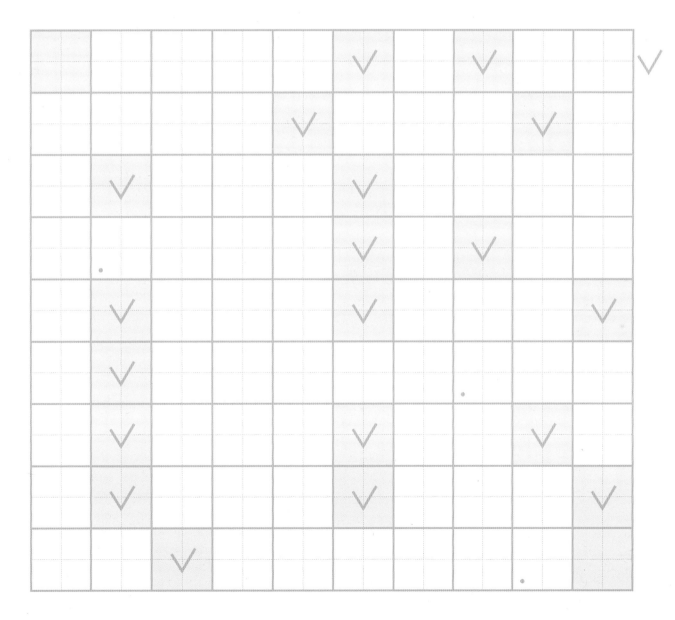

15 받침이 [ㄷ]으로 소리 나는 말

● 다음 글을 '받침이 [ㄷ]으로 소리 나는 말'에 유의하며 읽고 따라 쓰세요.

74쪽

차가운 바람이 **밤낮** 멈추지 않고 불었어요. 밤새 눈이 내려 주위는 온통 하얀 **눈밭**이었지요. 작은 **씨앗**은 몸을 잔뜩 움츠렸어요.

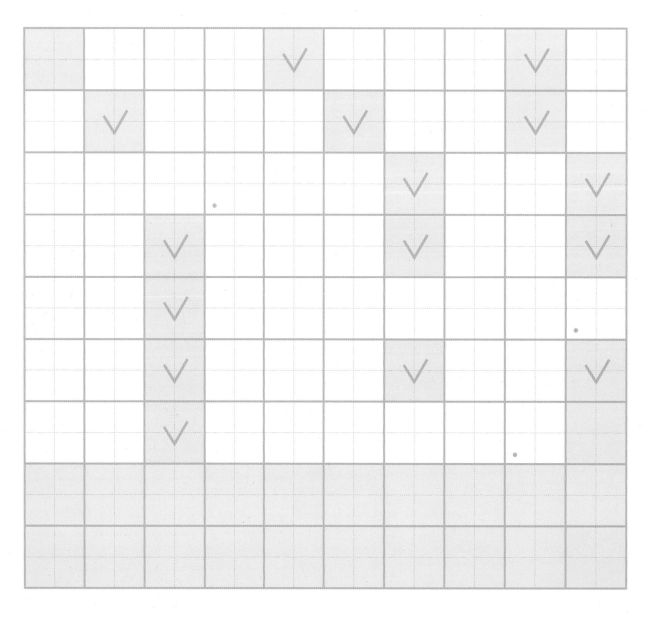

16 받침이 [ㅂ]으로 소리 나는 말

● 다음 글을 '받침이 [ㅂ]으로 소리 나는 말'에 유의하며 읽고 따라 쓰세요.

 78쪽

> 어느 날, 태호는 넘어지면서 **무릎**이 땅에 부딪혀서 피부가 까졌어요.
>
> 그래서 엄마는 태호를 데리고 **집 앞** 약국으로 갔어요.

17 ㄱ, ㄷ, ㅂ 받침 뒤에서 된소리가 나는 말

● 다음 글을 'ㄱ, ㄷ 받침 뒤에서 된소리가 나는 말'에 유의하며 읽고 따라 쓰세요.

소은이는 **깍두기**를 조심스럽게 **숟가락**에 담았어요. 몰래 빼서 버리려다가 그만 선생님과 눈이 딱 마주치고 말았어요.

깜짝 놀란 소은이는 깍두기를 입에 쏙 넣어 버렸어요.

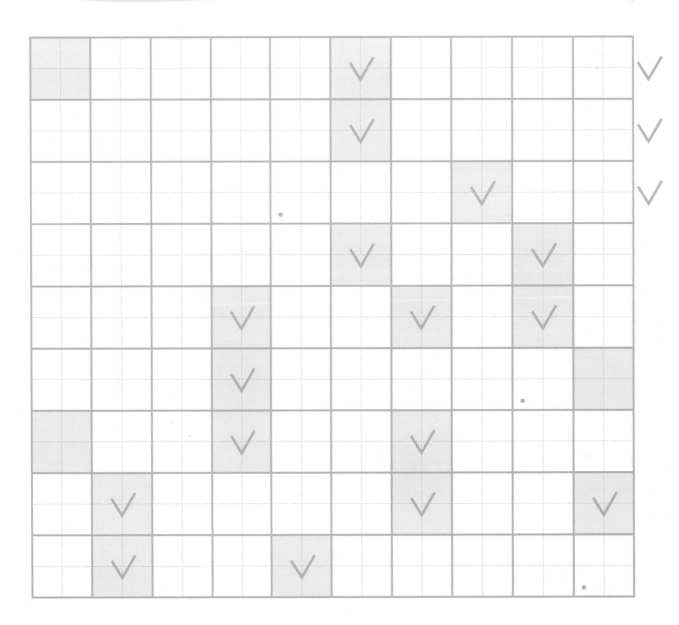

18 ㄴ, ㄹ, ㅁ, ㅇ 받침 뒤에서 된소리가 나는 말

● 다음 글을 'ㄹ, ㅇ 받침 뒤에서 된소리가 나는 말'에 유의하며 읽고 따라 쓰세요.

 88쪽

> 다람쥐의 말에 그제야 동물들은 정신을 차렸어요. 그리고 서둘러 **강가**로 달려갔어요. 누구 하나 게으름을 피우지 않고 **열심히** 물을 날랐어요.

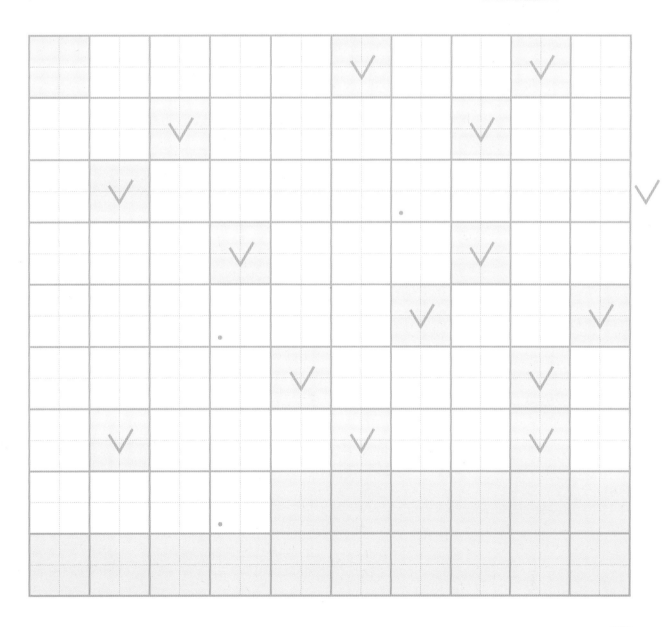

19 ㅋ, ㄲ, ㅍ 받침 뒤에서 된소리가 나는 말

● 다음 글을 'ㅍ 받침 뒤에서 된소리가 나는 말'에 유의하며 읽고 따라 쓰세요.

92쪽

> 요정 할머니는 방금 **숲속**에서 따 온 새싹을 맨 위에 올렸어요. 숲의 향기가 가득한 '숲속 **덮밥**'이 완성되었지요. 봄을 기다리는 마음이 담긴 따뜻한 덮밥이었답니다.

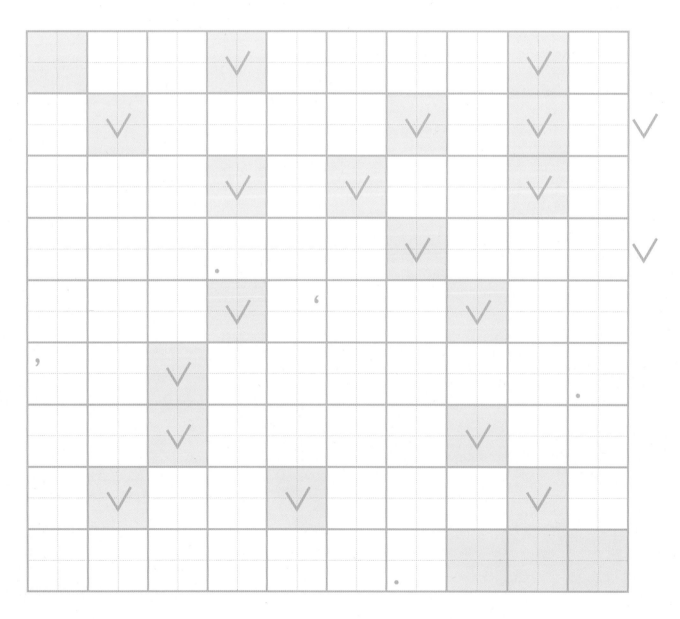

20 ㅅ, ㅆ, ㅈ, ㅊ, ㅌ 받침 뒤에서 된소리가 나는 말

● 다음 글을 'ㅅ, ㅈ, ㅊ 받침 뒤에서 된소리가 나는 말'에 유의하며 읽고 따라 쓰세요.

> 늦가을이 깊어지던 어느 날, **꽃게** 한 마리가 **바닷가**에 나타났어요. 배
> 가 너무 고팠던 꽃게는 바닷가 근처 작은 집으로 살금살금 들어갔어요.

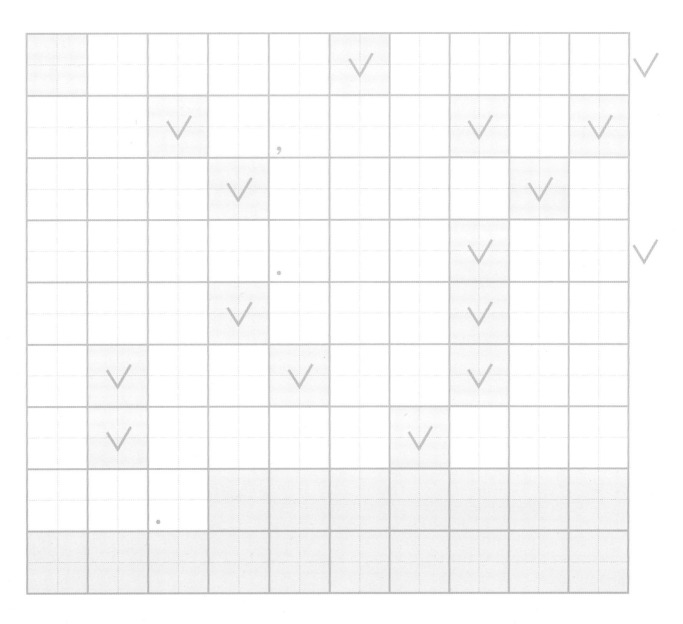

메모

달달 읽고 곰곰 생각하는

달곰한 문해력

NE 능률

달곰한 문해력 기본서

초등교사 100인 추천!
'3회독 학습법'으로
문해력 기본기를 다져요.

달곰한 문해력 초등 독해

초등 최초!
'주제 연결 독해법' 도입!
하나의 주제로 연결된
2개의 글을 읽어요.

기본기 강화!
교과 개념으로
문해력 강화

독해 강화!
분석력, 통합력,
사고력 강화

초등
문해력

문법 강화!
맞춤법,
문장력 강화

어휘 강화!
교과 학습
기본기 강화

달곰한 문해력 초등 문법

초등 필수 문법!
이야기로 재미있게 익히고
글쓰기로 자신감도 키워요.

달곰한 문해력 초등 어휘

'낱말밭 어휘 학습'으로
각 학년 필수 교과 어휘를
완성해요.

달곰한 문해력

초등 문법

쓰면서 익히는

맞춤법 + 받아쓰기

정답 및 해설

1
단계

NE 능률

달곰한 문해력
초등 문법

쓰면서 익히는
맞춤법 + 받아쓰기

정답 및 해설

01 모음자 ㅘ가 쓰인 말

쏙쏙 맞춤법

모음자 ㅘ	특징은?	공부는 이렇게!
	모음자 ㅘ는 모음자 ㅏ와 모양과 소리가 비슷해서 헷갈리기 쉬워요.	모음자 ㅘ의 모양에 주의하며 낱말을 바르게 읽고 써야 해요.

맞춤법 연습

이렇게 소리 나요!	따라 쓰세요!	
과일	[과일]	과 일
교과서	[교과서]	교 과 서
소화기	[소화기]	소 화 기

정답 및 해설 02쪽

낱말 바르게 쓰기

1 다음 그림을 보고, 잘못 쓴 낱말을 찾아 바르게 고쳐 쓰세요.

'과자'와 '화가'에 들어간 모음자 ㅘ는 모음자 ㅏ와 모양과 소리가 비슷하므로 낱말의 뜻을 생각하며 맞춤법에 맞게 써야 합니다.

과자

하가

→ 화 가

문장 속 낱말 바르게 쓰기

2 다음 중 문장의 빈칸에 들어갈 알맞은 낱말을 찾아 쓰세요.

❶ 장화 / 장하
비가 오면 장 화 를 신어요.

❷ 교가서 / 교과서
수업 시간에 교 과 서 로 공부해요.

❶ '장하'로 혼동하지 않도록 주의해야 합니다.
❷ '교가서'로 혼동하지 않도록 주의해야 합니다.

문장 바르게 쓰기

3 다음 밑줄 친 낱말을 바르게 고쳐 문장을 다시 쓰세요.

❶ 도서간에 갔어요.

도	서	관	에	∨	갔	어	요	.

❷ 소하기로 불을 꺼요.

소	화	기	로	∨	불	을	∨	꺼	요	.

이야기 속 맞춤법 문장 쓰기

달콤한 **과일** 나라가 시끌시끌했어요. 최고의 과일이 누구인지에 대해 다툼이 일어났거든요.

"과일 중에서는 내가 최고지! 다들 나를 좋아하잖아."

빨간 **사가**가 으스대며 말했어요.

"무슨 소리야? 나를 좋아하는 사람도 엄청 많거든!"

동그란 귤이 씩씩대며 말했지요.

그러자 커다란 배도, 노란 레몬도 한마디씩 하기 시작했어요. 서로 자기가 제일 잘났다면서 말이에요. 과일 나라에는 **아글아글** 떠드는 소리가 그치질 않았지요.

그 바람에 과일들은 밤이 되어 날씨가 추워진 것도 몰랐어요. 결국 서로 잘났다고 떠들던 과일들은 모두 지독한 감기에 걸리고 말았답니다.

문장 바르게 고쳐 쓰기

4 다음 밑줄 친 부분을 바르게 고쳐 문장을 다시 쓰세요.

❶ 빨간 사가가 으스대며 말했어요. → '사가'는 '사과'로 고쳐 써야 합니다.

⇨ 빨간 사과가 으스대며 말했어요.

❷ 아글아글 떠드는 소리가 그치질 않았지요. → '아글아글'은 '와글와글'로 고쳐 써야 합니다.

⇨ 와글와글 떠드는 소리가 그치질 않았지요.

문장 만들어 쓰기

모음자 ㅘ가 쓰인 낱말을 한 가지 이상 넣어서, 서로 자기가 잘났다며 다투는 과일들에게 해 주고 싶은 말을 씁니다.

5 다음 조건에 맞게 문장을 만들어 쓰세요.

조건 ① 모음자 ㅘ가 쓰인 낱말을 한 가지 이상 넣어서 써요.
② 서로 다투고 있는 과일들에게 해 주고 싶은 말을 써요.

예 과일들아, 너희 모두 좋은 과일이니 싸우지 않았으면 좋겠어. / 과일들아, 사람들은 모두 각자 좋아하는 과일이 있어. 모든 과일이 다 소중하단다.

받아쓰기

(듣고 따라 쓰기)

정답 및 해설 02쪽

1 낱말 쓰기

❶ 과 일	❷ 과 자	❸ 화 가
❹ 장 화	❺ 교 과 서	❻ 도 서 관

2 문장 쓰기

❶
도	서	관	에	∨	갔	어	요	.

❷
교	과	서	로	∨	공	부	해	요	.

❸
소	화	기	로	∨	불	을	∨	꺼	요	.

❹
비	가	∨	오	면	∨	장	화	를	∨
신	어	요	.						

❺
빨	간	∨	사	과	가	∨	으	스	대
며	∨	말	했	어	요	.			

❻
달	콤	한	∨	과	일	∨	나	라	가	∨
시	끌	시	끌	했	어	요	.			

02 모음자 ㅐ, ㅔ가 쓰인 말

낱말 바르게 쓰기

정답 및 해설 03쪽

1 다음 그림을 보고, 빈칸에 들어갈 알맞은 모음자를 쓰세요.

① 게
② 개
③ 배추
④ 개미

문장 속 낱말 바르게 쓰기

2 다음 문장의 빈칸에 들어갈 알맞은 낱말을 보기 에서 찾아 쓰세요.

보기   고래   고레   재비   제비

❶ 바다에서 고 래 가 헤엄쳐요.

❷ 봄이 되면 제 비 가 찾아와요.

┈ ❶ '고래'는 낱말에 모음자 ㅐ가 들어 있습니다.
❷ '제비'는 낱말에 모음자 ㅔ가 들어 있습니다.

문장 바르게 쓰기

3 다음 중 바르게 쓴 낱말을 찾아 ○표 하고, 문장을 다시 쓰세요.

❶ (무지개)/ 무지게)가 떴어요.

| 무 | 지 | 개 | 가 | ∨ | 떴 | 어 | 요 | . |

❷ (배개 /(베개))를 베고 누워요.

| 베 | 개 | 를 | ∨ | 베 | 고 | ∨ | 누 | 워 | 요 | . |

┈ ❶ '무지게'라고 쓰지 않도록 주의해야 합니다.
❷ '배개'라고 쓰거나 '베게'라고 쓰지 않도록 주의해야 합니다.

이야기 속 맞춤법 문장 쓰기

오늘은 민지의 **생일**이에요. 며칠 전부터 손꼽아 기다리던 날이었지요. 민지는 생일날 집으로 친구들을 **초대**할 계획이었어요. 그래서 **어재** 친구들에게 초대장도 나눠 주었지요. 부모님께서는 맛있는 음식을 많이 준비해 주셨어요.

그런데 초대한 시간이 되어도 아무도 오지 않았어요.

'어떻게 한 명도 안 올 수가 있지?'

당황한 민지는 친구들에게 문자 메시지를 보냈어요.

"어디야, 오늘 내 생일인데 왜 안 와?"

그러자 오히려 친구들이 깜짝 놀라며 답을 보냈어요.

"어? 오늘이 생일이야? 너 어제 초대장 줄 때 **모레**가 생일이라고 했잖아. 그래서 우리는 네 생일이 **네일**인 줄 알았어."

문장 바르게 고쳐 쓰기

4 다음 밑줄 친 부분을 바르게 고쳐 문장을 다시 쓰세요.

❶ 어재 친구들에게 초대장도 나눠 주었지요. •┈ '어재'는 '어제'로 고쳐 써야 합니다.

⇨ 어제 친구들에게 초대장도 나눠 주었지요.

❷ 우리는 네 생일이 네일인 줄 알았어. •┈ '네일'은 '내일'로 고쳐 써야 합니다.

⇨ 우리는 네 생일이 내일인 줄 알았어.

┈ 모음자 ㅐ나 ㅔ가 쓰인 낱말을 한 가지 이상 넣어서, 민지의 생일날에 친구들이 아무도 오지 않은 까닭을 씁니다.

문장 만들어 쓰기

5 다음 조건 에 맞게 문장을 만들어 쓰세요.

조건 ① 모음자 ㅐ나 ㅔ가 쓰인 낱말을 한 가지 이상 넣어서 써요.
② 민지의 생일날에 친구들이 오지 않은 까닭을 써요.

✎ 예 민지가 친구들에게 초대장을 줄 때 생일이 모레라고 잘못 말했기 때문입니다. / 친구들은 민지의 생일이 오늘이 아니라 내일이라고 생각했기 때문입니다.

받아쓰기 (듣고 따라 쓰기)

정답 및 해설 03쪽

1 낱말 쓰기

① 개	미
② 고	래
③ 제	비
④ 베	개
⑤ 생	일
⑥ 무	지	개

2 문장 쓰기

① 무 지 개 가 ∨ 떴 어 요 .

② 베 개 를 ∨ 베 고 ∨ 누 워 요 .

③ 제 비 가 ∨ 찾 아 와 요 .

④ 바 다 에 서 ∨ 고 래 가 ∨ 헤 / 엄 쳐 요 .

⑤ 어 제 ∨ 초 대 장 도 ∨ 나 눠 ∨ / 주 었 지 요 .

⑥ 우 리 는 ∨ 네 ∨ 생 일 이 ∨ / 내 일 인 ∨ 줄 ∨ 알 았 어 .

03 모음자 ㅝ, ㅟ가 쓰인 말

정답 및 해설 04쪽

낱말 바르게 쓰기

1 다음 중 바르게 쓴 낱말에 ○표 하고, 빈칸에 쓰세요.

❶ (공원) / 공언 → 공 원
❷ 바키 / (바퀴) → 바 퀴

ㅝ는 ㅓ와 소리가 비슷하고, ㅟ는 ㅣ와 소리가 비슷하므로 맞춤법이 틀리지 않도록 주의하며 써야 합니다.

문장 속 낱말 바르게 쓰기

2 다음 문장의 빈칸에 들어갈 낱말로 알맞은 것에 ○표 하고, 바르게 쓰세요.

❶ (언숭이 / (원숭이))
원 숭 이 가 바나나를 먹어요.

❷ ((주사위) / 주사이)
주 사 위 가 데굴데굴 굴러가요.

❶ '언숭이', '원숭이'라고 쓰지 않도록 주의해야 합니다.
❷ '주사이', '주사워'라고 쓰지 않도록 주의해야 합니다.

문장 바르게 쓰기

3 다음 밑줄 친 낱말을 바르게 고쳐 문장을 다시 쓰세요.

❶ 아파서 병언에 가요.

| 아 | 파 | 서 | ∨ | 병 | 원 | 에 | ∨ | 가 | 요 |

❷ 가이로 끈을 잘라요.

| 가 | 위 | 로 | ∨ | 끈 | 을 | ∨ | 잘 | 라 | 요 |

쏙쏙 맞춤법

모음자 ㅝ, ㅟ

특징은?
모음자 ㅝ는 ㅓ, 모음자 ㅟ는 ㅣ와 소리가 비슷해서 헷갈릴 수 있어요.

공부는 이렇게!
모음자 ㅝ나 ㅟ가 쓰인 낱말을 바르게 읽고 쓰며 기억해야 해요.

맞춤법 연습

이렇게 소리 나요!	따라 쓰세요!
바퀴 [바퀴]	바 퀴
주사위 [주사위]	주 사 위
과수원 [과수원]	과 수 원

이야기 속 맞춤법 문장 쓰기

꼬마 **생쥐**는 집에만 있는 게 너무 지루했어요.

"아, 심심해. 뭐 재미있는 일 없을까?"

꼬마 생쥐는 재미있는 일을 찾아 집을 나섰어요. 그리고 한참을 걷다가, 마을에서 멀리 떨어진 **과수언**에 이르렀지요.

"어? 여기는 과수원이네. 엄마가 **이험**하다고 가지 말라고 했던 곳이잖아."

꼬마 생쥐는 엄마의 말이 생각났지만, 과수원이 궁금했어요. 그래서 슬쩍 담을 넘어 들어갔지요. 그곳에는 맛있는 복숭아가 열린 나무들이 가득했어요.

"우아, 맛있겠다. 한 입만 먹어 볼까?"

꼬마 생쥐는 복숭아 맛에 푹 빠져 시간 가는 줄도 몰랐어요.

그러다 그만 과수원 주인에게 딱 걸리고 말았지요! 꼬마 생쥐는 깜짝 놀라 도망치려 했지만, 결국 붙잡혀서 크게 혼이 났답니다.

문장 바르게 고쳐 쓰기

4 다음 밑줄 친 부분을 바르게 고쳐 문장을 다시 쓰세요.

❶ 마을에서 멀리 떨어진 과수언에 이르렀지요.

⇨ 마을에서 멀리 떨어진 과수원에 이르렀지요.

'과수언'은 '과수원'으로 고쳐 써야 합니다.

❷ 엄마가 이험하다고 가지 말라고 했던 곳이잖아.

⇨ 엄마가 위험하다고 가지 말라고 했던 곳이잖아.

'이험'은 '위험'으로 고쳐 써야 합니다.

문장 만들어 쓰기

주어진 낱말 중 한 가지를 넣어, 엄마의 말을 듣지 않았다가 위험에 처한 꼬마 생쥐에게 하고 싶은 말을 씁니다.

5 다음 낱말 중 한 가지를 넣어, 꼬마 생쥐에게 하고 싶은 말을 문장으로 쓰세요.

| 위험 | 과수원 | 생쥐 |

예 꼬마 생쥐야, 엄마가 위험하다고 하신 건 앞으로 하지 않도록 해. 하마터면 큰일 날 뻔했잖아. / 꼬마 생쥐야, 과수원에서 남의 것을 마음대로 먹으면 안 돼.

받아쓰기 (듣고 따라 쓰기)

정답 및 해설 04쪽

1 낱말 쓰기

❶ 공 원
❷ 바 퀴
❸ 병 원
❹ 생 쥐
❺ 원 숭 이
❻ 주 사 위

2 문장 쓰기

❶

| 주 | 사 | 위 | 가 | ∨ | 굴 | 러 | 가 | 요 | . |

❷

| 가 | 위 | 로 | ∨ | 끈 | 을 | ∨ | 잘 | 라 | 요 |

❸

| 아 | 파 | 서 | ∨ | 병 | 원 | 에 | ∨ | 가 | 요 |

❹

| 멀 | 리 | ∨ | 떨 | 어 | 진 | ∨ | 과 | 수 | 원 |
| 에 | ∨ | 이 | 르 | 렀 | 지 | 요 | . | | |

❺

| 생 | 쥐 | 는 | ∨ | 집 | 에 | 만 | ∨ | 있 | 는 | ∨ |
| 게 | ∨ | 너 | 무 | ∨ | 지 | 루 | 했 | 어 | 요 | |

❻

| 위 | 험 | 하 | 다 | 고 | ∨ | 가 | 지 | ∨ | 말 |
| 라 | 고 | ∨ | 했 | 던 | ∨ | 곳 | 이 | 잖 | 아 |

04 모음자 ㅒ, ㅖ가 쓰인 말

맞춤법

	특징은?	공부는 이렇게!
모음자 ㅒ, ㅖ	모음자 ㅒ와 ㅖ는 모양과 소리가 비슷해서 헷갈릴 수 있어요.	모음자 ㅒ나 ㅖ가 쓰인 낱말을 잘 익히고 구별해서 써야 해요.

맞춤법 연습

	이렇게 소리 나요!	따라 쓰세요!
얘기	[얘기]	얘 기
차례	[차례]	차 례
예뻐요	[예뻐요]	예 뻐 요

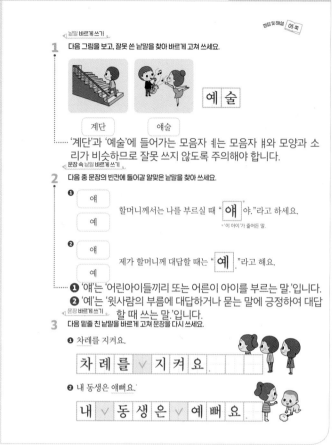

◁ 낱말 바르게 쓰기
정답 및 해설 05쪽

1 다음 그림을 보고, 잘못 쓴 낱말을 찾아 바르게 고쳐 쓰세요.

예 술

계단 애술

······ '계단'과 '예술'에 들어가는 모음자 ㅖ는 모음자 ㅒ와 모양과 소리가 비슷하므로 잘못 쓰지 않도록 주의해야 합니다.

◁ 문장 속 낱말 바르게 쓰기

2 다음 중 문장의 빈칸에 들어갈 알맞은 낱말을 찾아 쓰세요.

❶ 애 / 예
할머니께서는 나를 부르실 때 " **얘** 야."라고 하세요.
'이 아이'가 줄어든 말.

❷ 애 / 예
제가 할머니께 대답할 때는 " **예** "라고 해요.

······ ❶ '얘'는 '어린아이들끼리 또는 어른이 아이를 부르는 말.'입니다.
❷ '예'는 '윗사람의 부름에 대답하거나 묻는 말에 긍정하여 대답할 때 쓰는 말.'입니다.

◁ 문장 바르게 쓰기

3 다음 밑줄 친 낱말을 바르게 고쳐 문장을 다시 쓰세요.

❶ 차례를 지켜요.

| 차 | 례 | 를 | ∨ | 지 | 켜 | 요 | |

❷ 내 동생은 애뻐요.

| 내 | ∨ | 동 | 생 | 은 | ∨ | 예 | 뻐 | 요 |

◁ **이야기 속 맞춤법 문장 쓰기**

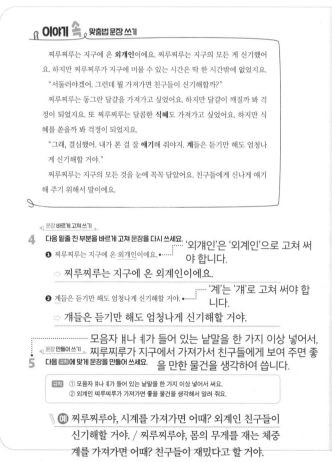

찌루찌루는 지구에 온 **외개인**이에요. 찌루찌루는 지구의 모든 게 신기했어요. 하지만 찌루찌루가 지구에 머물 수 있는 시간은 딱 한 시간밖에 없었지요.

"서둘러야겠어. 그런데 뭘 가져가면 친구들이 신기해할까?"

찌루찌루는 동그란 달걀을 가져가고 싶었어요. 하지만 달걀이 깨질까 봐 걱정이 되었지요. 또 찌루찌루는 달콤한 **식혜**도 가져가고 싶었어요. 하지만 식혜를 쏟을까 봐 걱정이 되었지요.

"그래, 결심했어. 내가 본 걸 잘 **얘기**해 줘야지. **걔**들은 듣기만 해도 엄청나게 신기해할 거야."

찌루찌루는 지구의 모든 것을 눈에 꼭꼭 담았어요. 친구들에게 신나게 얘기해 주기 위해서 말이에요.

◁ 문장 바르게 고쳐 쓰기

4 다음 밑줄 친 부분을 바르게 고쳐 문장을 다시 쓰세요. '외개인'은 '외계인'으로 고쳐 써야 합니다.

❶ 찌루찌루는 지구에 온 외개인이에요. •
⇨ 찌루찌루는 지구에 온 외계인이에요.

❷ 걔들은 듣기만 해도 엄청나게 신기해할 거야. • '계'는 '걔'로 고쳐 써야 합니다.
⇨ 걔들은 듣기만 해도 엄청나게 신기해할 거야.

····· 모음자 ㅒ나 ㅖ가 들어 있는 낱말을 한 가지 이상 넣어서, 찌루찌루가 지구에서 가져가서 친구들에게 보여 주면 좋을 만한 물건을 생각하여 씁니다.

◁ 문장 만들기 쓰기
5 다음 **규칙**에 맞게 문장을 만들어 쓰세요.

규칙 ① 모음자 ㅒ나 ㅖ가 들어 있는 낱말을 한 가지 이상 넣어서 써요.
② 외계인 찌루찌루가 가져가면 좋을 물건을 생각해서 알려 줘요.

✎ **예** 찌루찌루야, 시계를 가져가면 어때? 외계인 친구들이 신기해할 거야. / 찌루찌루야, 몸의 무게를 재는 체중계를 가져가면 어때? 친구들이 재밌다고 할 거야.

받아쓰기 듣고 따라 쓰기
정답 및 해설 05쪽

◢ **1** 낱말 쓰기

| ❶ | 얘 | 기 | | ❷ | 계 | 단 | | ❸ | | 예 | 술 |
| ❹ | 차 | 례 | | ❺ | 예 | 뻐 | 요 | ❻ | 외 | 계 | 인 |

◢ **2** 문장 쓰기

❶	차	례	를		∨	지	켜	요	.	
❷	내		∨	동	생	은		∨	예	뻐	요
❸	외	계	인	이	에	요	.				
❹	할	머	니	께	∨	대	답	할	∨	때	
	는		∨	"	예	"	라	고		∨	해	요
❺	달	콤	한		∨	식	혜	도		∨	가	져
	가	고		∨	싶	었	어	요	.			
❻	신	나	게		∨	얘	기	해			주	기	∨
	위	해	서		∨	말	이	에	요	.			

05 모음자 ㅙ, ㅞ가 쓰인 말

쏙쏙 맞춤법

모음자 ㅙ, ㅞ	특징은?	공부는 이렇게!
	모음자 ㅙ는 모음자 ㅞ와 모양과 소리가 비슷해서 헷갈리기 쉬워요.	낱말에 ㅙ와 ㅞ 중 어떤 모음자가 쓰였는지 익히고 뜻도 함께 기억해요.

맞춤법 연습

	이렇게 소리 나요!	따라 쓰세요!
돼지	[돼지]	돼 지
궤짝	[궤짝]	궤 짝
꿰매요	[꿰매요]	꿰 매 요

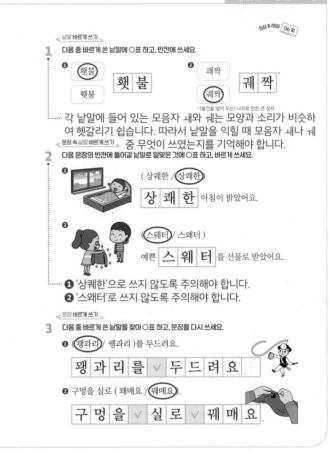

낱말 바르게 쓰기

1 다음 중 바르게 쓴 낱말에 ○표 하고, 빈칸에 쓰세요.

❶ (횃불) / 횃불 → **횃 불**

❷ 괘짝 / (궤짝) → **궤 짝**
.....ㆍ(물건을 넣어 두는) 나무로 만든 큰 상자.

각 낱말에 들어 있는 모음자 ㅙ와 ㅞ는 모양과 소리가 비슷하여 헷갈리기 쉽습니다. 따라서 낱말을 익힐 때 모음자 ㅙ나 ㅞ 중 무엇이 쓰였는지를 기억해야 합니다.

문장 속 낱말 바르게 쓰기

2 다음 문장의 빈칸에 들어갈 낱말로 알맞은 것에 ○표 하고, 바르게 쓰세요.

❶ (상쿼한 / (상쾌한)) → **상 쾌 한** 아침이 밝았어요.

❷ ((스웨터) / 스왜터) → 예쁜 **스 웨 터** 를 선물로 받았어요.

❶ '상쿼한'으로 쓰지 않도록 주의해야 합니다.
❷ '스왜터'로 쓰지 않도록 주의해야 합니다.

문장 바르게 쓰기

3 다음 중 바르게 쓴 낱말을 찾아 ○표 하고, 문장을 다시 쓰세요.

❶ ((꽹과리) / 꿴과리)를 두드려요.

꽹 과 리 를 ∨ 두 드 려 요 .

❷ 구멍을 실로 (꽤매요 / (꿰매요)).

구 멍 을 ∨ 실 로 ∨ 꿰 매 요 .

이야기 속 맞춤법 문장 쓰기

분홍 **돼지**에게는 나쁜 습관이 하나 있었어요. 누가 뭘 물어보면 무조건 "**안 돼!**"라고 말하는 습관이었지요.

깜장 강아지가 "상쾌한 아침이야. 나랑 같이 산책하러 갈래?"라고 물어봤을 때도 "안 돼!"라고 말했고요.

노란 병아리가 "나랑 놀아 줘."라고 얘기했을 때도 "안 돼!"라고 말했지요. 하얀 토끼가 "내 구멍 난 옷을 꽤매 줄래?"라고 했을 때도 "안 돼!"라고 말했답니다.

사실 분홍 돼지는 그렇게 말할 생각이 아니었어요. 나쁜 습관 때문에 툭 튀어나온 말이었지요. 그래서 분홍 돼지는 강아지랑 산책하러 가지 못한 것을, 병아리랑 놀지 못한 것을, 토끼의 구멍 난 옷을 꿰매 주지 못한 것을 두고두고 후회했답니다.

문장 바르게 고쳐 쓰기

4 다음 밑줄 친 부분을 바르게 고쳐 문장을 다시 쓰세요.

❶ 분홍 돼지에게는 나쁜 습관이 하나 있었어요. •·····'됐지'는 '돼지'로 고쳐 써야 합니다.

⇨ 분홍 돼지에게는 나쁜 습관이 하나 있었어요.

❷ 내 구멍 난 옷을 꽤매 줄래? •·····'꽤매'는 '꿰매'로 고쳐 써야 합니다.

⇨ 내 구멍 난 옷을 꿰매 줄래?

문장 만들어 쓰기

5 다음 낱말 중 한 가지를 넣어, 분홍 돼지가 고쳐야 할 점을 문장으로 쓰세요.
.....ㆍ주어진 낱말 중 한 가지를 넣어, 분홍 돼지가 고쳐야 할 습관이나, 그 습관을 고칠 방법 등을 생각하여 씁니다.

돼	돼지	안 돼

✏️ **예** 분홍 돼지는 친구들의 말에 무조건 "안 돼!"라고 말하는 습관을 고쳐야 해요. / 분홍 돼지는 "안 돼!"라고 말하는 습관을 버리고, "돼!"라고 말하는 연습을 해야 해요.

받아쓰기 (듣고 따라 쓰기)

1 낱말 쓰기

❶ 돼 지 ❷ 횃 불 ❸ 궤 짝

❹ 상 쾌 한 ❺ 스 웨 터 ❻ 꿰 매 요

2 문장 쓰기

❶ 꽹 과 리 를 ∨ 두 드 려 요 .

❷ 구 멍 을 ∨ 실 로 ∨ 꿰 매 요 .

❸ 상 쾌 한 ∨ 아 침 이 야 '

❹ 예 쁜 ∨ 스 웨 터 를 ∨ 선 물 로 ∨ 받 았 어 요 .

❺ 내 ∨ 구 멍 ∨ 난 ∨ 옷 을 ∨ 꿰 매 ∨ 줄 래 ?

❻ 돼 지 에 게 는 ∨ 나 쁜 ∨ 습 관 이 ∨ 하 나 ∨ 있 었 어 요 .

06 모음자 ㅚ, ㅢ가 쓰인 말

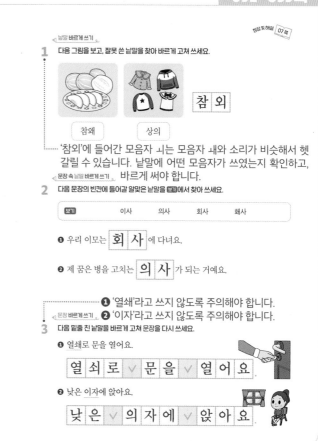

쏙쏙 맞춤법

모음자 ㅚ, ㅢ

특징은?
모음자 ㅚ는 ㅙ, 모음자 ㅢ는 ㅣ와 소리가 비슷해서 헷갈릴 수 있어요.

공부는 이렇게!
ㅚ와 ㅢ의 모양을 잘 살펴보고, 낱말의 모양과 소리가 다른 경우에 주의해야 해요.

맞춤법 연습

[궤물]이라고도 소리 나요!

	이렇게 소리 나요!	따라 쓰세요!
괴물	[괴물]	괴 물
의사	[의사]	의 사
희망	[히망]	희 망

낱말 바르게 쓰기

1 다음 그림을 보고, 잘못 쓴 낱말을 찾아 바르게 고쳐 쓰세요.

참왜   상의   → **참 외**

'참외'에 들어간 모음자 ㅚ는 모음자 ㅙ와 소리가 비슷해서 헷갈릴 수 있습니다. 낱말에 어떤 모음자가 쓰였는지 확인하고, 바르게 써야 합니다.

문장 속 낱말 바르게 쓰기

2 다음 문장의 빈칸에 들어갈 알맞은 낱말을 보기에서 찾아 쓰세요.

보기	이사	의사	회사	홰사

❶ 우리 이모는 **회 사** 에 다녀요.

❷ 제 꿈은 병을 고치는 **의 사** 가 되는 거예요.

❶ '열쇄'라고 쓰지 않도록 주의해야 합니다.
❷ '이자'라고 쓰지 않도록 주의해야 합니다.

문장 바르게 쓰기

3 다음 밑줄 친 낱말을 바르게 고쳐 문장을 다시 쓰세요.

❶ 열쇄로 문을 열어요.

| 열 | 쇠 | 로 | ∨ | 문 | 을 | ∨ | 열 | 어 | 요 |

❷ 낮은 이자에 앉아요.

| 낮 | 은 | ∨ | 의 | 자 | 에 | ∨ | 앉 | 아 | 요 |

이야기 속 맞춤법 문장 쓰기

괴물 툴툴이는 자신의 **외모**가 마음에 들지 않았어요. 귀는 너무 뾰족하고, 눈은 너무 작고, 코도 너무 큰 것 같았거든요.

그러던 어느 날, 툴툴이는 소원을 들어주는 마법사가 있다는 이야기를 듣게 되었어요.

'그래, 마법사를 찾아가서 내 외모를 바꿔 달라고 해야겠어.'

툴툴이는 자신의 모습을 바꿀 수 있다는 **희망**에 기뻤어요.

하지만 툴툴이의 말을 들은 마법사는 손을 내저으며 말했지요.

"뭐? 너의 모습을 바꾸고 싶다고? 네 모습이 괴물로서 얼마나 멋진지 모르는구나. 지금이 **최고**라고!"

결국, 툴툴이는 자신의 모습을 받아들이기로 마음을 바꾸었답니다.

*외모: 겉으로 드러난 모습.

문장 바르게 고쳐 쓰기

4 다음 밑줄 친 부분을 바르게 고쳐 문장을 다시 쓰세요.

❶ 괘물 툴툴이는 자신의 외모가 마음에 들지 않았어요.

'괘물'은 '괴물'로 고쳐 써야 합니다.

⇨ 괴물 툴툴이는 자신의 외모가 마음에 들지 않았어요.

❷ 툴툴이는 자신의 모습을 바꿀 수 있다는 히망에 기뻤어요.

'히망'은 '희망'으로 고쳐 써야 합니다.

⇨ 툴툴이는 자신의 모습을 바꿀 수 있다는 희망에 기뻤어요.

문장 만들어 쓰기

5 다음 조건에 맞게 문장을 만들어 쓰세요.

'괴물', '희망', '최고', '외모' 등 모음자 ㅚ나 ㅢ가 들어간 낱말을 한 가지 이상 넣어서, 외모 때문에 걱정이 많은 툴툴이를 응원하는 말을 씁니다.

조건
① 모음자 ㅚ나 ㅢ가 들어 있는 낱말을 한 가지 이상 넣어서 써요.
② 괴물 툴툴이를 응원하는 말을 써요.

✏ 예 툴툴아, 외모 때문에 걱정하는 네 마음 이해해. 하지만 넌 충분히 멋진 괴물이야. 용기를 가지렴. / 툴툴아, 외모보다는 속마음이 더 중요해.

받아쓰기 (듣고 따라 쓰기)

1 낱말 쓰기

❶ 참 외	❷ 상 의	❸ 회 사
❹ 의 사	❺ 열 쇠	❻ 희 망

2 문장 쓰기

❶

| 열 | 쇠 | 로 | ∨ | 문 | 을 | ∨ | 열 | 어 | 요 |

❷

| 낮 | 은 | ∨ | 의 | 자 | 에 | ∨ | 앉 | 아 | 요 |

❸

| 지 | 금 | 이 | ∨ | 최 | 고 | 라 | 고 | ! | |

❹

| 자 | 신 | 의 | ∨ | 외 | 모 | 가 | ∨ | 마 | 음 |
| 에 | ∨ | 들 | 지 | ∨ | 않 | 았 | 어 | 요 | |

❺

| 우 | 리 | ∨ | 이 | 모 | 는 | ∨ | 회 | 사 | 에 | ∨ |
| 다 | 녀 | 요 | | | | | | | | |

❻

| 제 | ∨ | 꿈 | 은 | ∨ | 의 | 사 | 가 | ∨ | 되 |
| 는 | ∨ | 거 | 예 | 요 | | | | | |

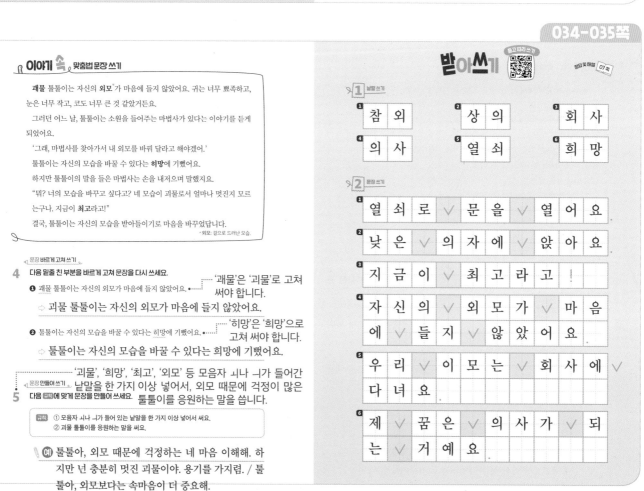

07 ㄱ 받침이 뒤로 넘어가서 소리 나는 말

눈사람이 사라졌어!
'노가서'라니, 어디로 간 거야?

나는 노가서 사라져요.

아! '녹아서' 사라졌다는 말인 것 같아.

맞춤법

ㄱ 받침이 뒤에 오는 모음과 만나면	읽을 때	쓸 때
	ㄱ이 뒤로 넘어가서 소리가 나요. 예 [노가서]	ㄱ 받침을 그대로 살려서 써요. 예 녹아서

맞춤법 연습

	이렇게 소리 나요!	따라 쓰세요!
목요일	[모교일]	목 요 일
거북이	[거부기]	거 북 이
저녁에	[저녀게]	저 녁 에

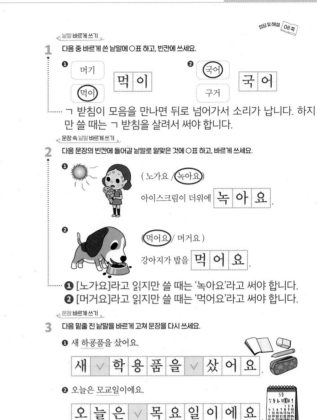

정답 및 해설 08쪽

낱말 바르게 쓰기

1 다음 중 바르게 쓴 낱말에 ○표 하고, 빈칸에 쓰세요.

❶ 머기 / 먹이 → 먹 이
❷ 국어 / 구거 → 국 어

…… ㄱ 받침이 모음을 만나면 뒤로 넘어가서 소리가 납니다. 하지만 쓸 때는 ㄱ 받침을 살려서 써야 합니다.

문장 속 낱말 바르게 쓰기

2 다음 문장의 빈칸에 들어갈 낱말로 알맞은 것에 ○표 하고, 바르게 쓰세요.

❶ (노가요 / 녹아요)
아이스크림이 더위에 녹 아 요 .

❷ (먹어요 / 머거요)
강아지가 밥을 먹 어 요 .

❶ [노가요]라고 읽지만 쓸 때는 '녹아요'라고 써야 합니다.
❷ [머거요]라고 읽지만 쓸 때는 '먹어요'라고 써야 합니다.

문장 바르게 쓰기

3 다음 밑줄 친 낱말을 바르게 고쳐 문장을 다시 쓰세요.

❶ 새 하공품을 샀어요.
새 ∨ 학 용 품 을 ∨ 샀 어 요 .

❷ 오늘은 모교일이에요.
오 늘 은 ∨ 목 요 일 이 에 요 .

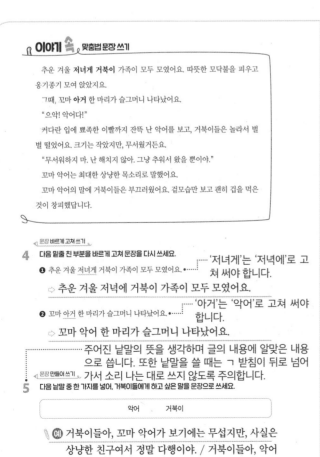

이야기 속 맞춤법 문장 쓰기

추운 겨울 **저녁에 거북이** 가족이 모두 모였어요. 따뜻한 모닥불을 피우고 옹기종기 모여 앉았지요.

그때, 꼬마 **악어** 한 마리가 슬그머니 나타났어요.

"으악! 악어다!"

커다란 입에 뾰족한 이빨까지 잔뜩 난 악어를 보고, 거북이들은 놀라서 벌벌 떨었어요. 크기는 작았지만, 무서웠거든요.

"무서워하지 마. 난 해치지 않아. 그냥 추워서 왔을 뿐이야."

꼬마 악어는 최대한 상냥한 목소리로 말했어요.

꼬마 악어의 말에 거북이들은 부끄러웠어요. 겉모습만 보고 괜히 겁을 먹은 것이 창피했답니다.

문장 바르게 고쳐 쓰기

4 다음 밑줄 친 부분을 바르게 고쳐 문장을 다시 쓰세요.

❶ 추운 겨울 저녁에 거북이 가족이 모두 모였어요. …… '저녀게'는 '저녁에'로 고쳐 써야 합니다.

⇨ 추운 겨울 저녁에 거북이 가족이 모두 모였어요.

❷ 꼬마 아거 한 마리가 슬그머니 나타났어요. …… '아거'는 '악어'로 고쳐 써야 합니다.

⇨ 꼬마 악어 한 마리가 슬그머니 나타났어요.

…… 주어진 낱말의 뜻을 생각하며 글의 내용에 알맞은 내용으로 씁니다. 또한 낱말을 쓸 때는 ㄱ 받침이 뒤로 넘어가서 소리 나는 대로 쓰지 않도록 주의합니다.

문장 만들어 쓰기

5 다음 낱말 중 한 가지를 넣어, 거북이들에게 하고 싶은 말을 문장으로 쓰세요.

악어   거북이

예 거북이들아, 꼬마 악어가 보기에는 무섭지만, 사실은 상냥한 친구여서 정말 다행이야. / 거북이들아, 악어에게 했던 것처럼 겉모습만 보고 남을 평가하면 안 돼.

받아쓰기

정답 및 해설 08쪽

1 낱말 쓰기

❶ 먹 이   ❷ 국 어   ❸ 녹 아 요
❹ 학 용 품   ❺ 목 요 일   ❻ 거 북 이

2 문장 쓰기

❶ 밥 을 ∨ 먹 어 요 .

❷ 새 ∨ 학 용 품 을 ∨ 샀 어 요 .

❸ 오 늘 은 ∨ 목 요 일 이 에 요 .

❹ 아 이 스 크 림 이 ∨ 더 위 에 ∨ 녹 아 요 .

❺ 저 녁 에 ∨ 거 북 이 ∨ 가 족 이 ∨ 모 두 모 였 어 요 .

❻ 악 어 의 ∨ 말 에 ∨ 거 북 이 들 은 ∨ 부 끄 러 웠 어 요 .

08 ㄴ 받침이 뒤로 넘어가서 소리 나는 말

여기가 우리 자리야. '연어'라고 쓰여 있어.

연어

이너

우리는 어디로 가야 하지? 이름이 쓰여 있지 않아.

맞춤법

	읽을 때	쓸 때
ㄴ 받침이 뒤에 오는 모음과 만나면	ㄴ이 뒤로 넘어가서 소리가 나요. 예 [이너]	ㄴ 받침을 그대로 살려서 써요. 예 인어

맞춤법 연습

이렇게 소리 나요! 따라 쓰세요!

문어	[무너]	문 어
연예인	[여네인]	연 예 인
신어요	[시너요]	신 어 요

낱말 바르게 쓰기

1 다음 그림을 보고, 잘못 쓴 낱말을 찾아 바르게 고쳐 쓰세요.

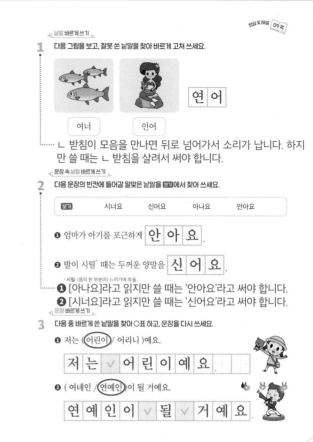

연 어

여너

인어

ㄴ 받침이 모음을 만나면 뒤로 넘어가서 소리가 납니다. 하지만 쓸 때는 ㄴ 받침을 살려서 써야 합니다.

문장 속 낱말 바르게 쓰기

2 다음 문장의 빈칸에 들어갈 알맞은 낱말을 보기에서 찾아 쓰세요.

| 보기 | 시너요 | 신어요 | 아나요 | 안아요 |

❶ 엄마가 아기를 포근하게 **안 아 요** .

❷ 발이 시릴* 때는 두꺼운 양말을 **신 어 요** .

*시릴: (몸의 한 부분이) 느끼기에 추움.

❶ [아나요]라고 읽지만 쓸 때는 '안아요'라고 써야 합니다.
❷ [시너요]라고 읽지만 쓸 때는 '신어요'라고 써야 합니다.

문장 바르게 쓰기

3 다음 중 바르게 쓴 낱말을 찾아 ○표 하고, 문장을 다시 쓰세요.

❶ 저는 ((어린이)/ 어리니)예요.

| 저 | 는 | ✓ | 어 | 린 | 이 | 예 | 요 | . |

❷ (여녜인 /(연예인)이 될 거예요.

| 연 | 예 | 인 | 이 | ✓ | 될 | ✓ | 거 | 예 | 요 | . |

이야기 속 맞춤법 문장 쓰기

깊은 바닷속에 살던 **문어** 선생이 땅으로 여행을 왔어요.
처음 땅에 온 문어 선생은 모든 것이 놀라웠어요.
"허허, 참 신기하기도 하지."
특히 땅에 사는 동물들의 모습에서 **누늘** 뗄 수가 없었어요.
귀가 길쭉한 토끼도 신기하고, 가시가 뾰족한 고슴도치도 신기했지요.
그중에서도 가장 신기한 동물은 **기리니었어요.** 목이 기다란 것이 마치 커다란 나무 같았거든요. 아무리 올려다봐도 끝이 없었지요.
얼마 뒤 문어 선생은 바다로 돌아갔어요. 그러고는 바닷속 동물들에게 이야기했답니다.
"땅에는 나무가 걸어 다닌다."라고 말이에요.

문장 바르게 고쳐 쓰기

4 다음 밑줄 친 부분을 바르게 고쳐 문장을 다시 쓰세요.

❶ 동물들의 모습에서 누늘 뗄 수가 없었어요. ⋯⋯ '누늘'은 '눈을'로 고쳐 써야 합니다.

⇨ 동물들의 모습에서 눈을 뗄 수가 없었어요.

❷ 가장 신기한 동물은 기리니었어요. ⋯⋯ '기리니었어요'는 '기린이었어요'로 고쳐 써야 합니다.

⇨ 가장 신기한 동물은 기린이었어요.

문장 만들어 쓰기

5 다음 규칙에 맞게 문장을 만들어 쓰세요.

'문어', '눈을' 등의 낱말을 넣어, 글을 읽고 생각하거나 느낀 점을 씁니다. 또한 낱말을 쓸 때는 ㄴ 받침이 뒤로 넘어가서 소리 나는 대로 쓰지 않도록 주의합니다.

| 규칙 | ① ㄴ 받침이 뒤로 넘어가서 소리 나는 낱말을 한 가지 이상 넣어서 써요.
② 이 글을 읽고 생각하거나 느낀 점을 써요. |

예 문어가 목이 긴 기린을 보고 나무라고 생각한 것이 참 재미있었어요. / 저도 바닷속 동물들이 사는 곳에 가서 문어를 만나고 싶어요.

받아쓰기

(듣고 따라 쓰기)

1 낱말 쓰기

❶	연	어
❷	인	어
❸	문	어

❹	신	어	요
❺	어	린	이
❻	연	예	인

2 문장 쓰기

❶
| 양 | 말 | 을 | ✓ | 신 | 어 | 요 | . | |

❷
| 저 | 는 | ✓ | 어 | 린 | 이 | 예 | 요 | . |

❸
| 연 | 예 | 인 | 이 | ✓ | 될 | ✓ | 거 | 예 | 요 |

❹
| 엄 | 마 | 가 | ✓ | 아 | 기 | 를 | ✓ | 포 | 근 |
| 하 | 게 | ✓ | 안 | 아 | 요 | . | | | |

❺
| 가 | 장 | ✓ | 신 | 기 | 한 | ✓ | 동 | 물 | 은 | ✓ |
| 기 | 린 | 이 | 었 | 어 | 요 | . | | | | |

❻
| 문 | 어 | ✓ | 선 | 생 | 은 | ✓ | 바 | 다 | 로 | ✓ |
| 돌 | 아 | 갔 | 어 | 요 | . | | | | | |

09 ㄷ, ㄹ 받침이 뒤로 넘어가서 소리 나는 말

쏙쏙 맞춤법

	읽을 때	쓸 때
ㄷ, ㄹ 받침이 뒤에 오는 모음과 만나면	ㄷ, ㄹ이 뒤로 넘어가서 소리가 나요. 예 [바다쓰기]	ㄷ, ㄹ 받침을 그대로 살려서 써요. 예 받아쓰기

맞춤법 연습

이렇게 소리 나요!	따라 쓰세요!
믿음 [미듬]	믿음
놀이터 [노리터]	놀이터
돋아요 [도다요]	돋아요

낱말 바르게 쓰기

1 다음 그림을 보고, 잘못 쓴 낱말을 찾아 바르게 고쳐 쓰세요.

도다요 돌아요

돋아요

문장 속 낱말 바르게 쓰기

2 다음 중 문장의 빈칸에 들어갈 알맞은 낱말을 찾아 쓰세요.

① 나드리 / 나들이

가족들과 함께 **나들이** 해요.
*집을 떠나 가까운 곳에 잠시 다녀오는 일

① [나드리]로 소리 나지만 쓸 때는 '나들이'로 받침을 살려서 써야 합니다.

② 받아서 / 바다서

선물을 **받아서** 기분이 좋아요.

② [바다서]라고 소리 나지만 쓸 때는 '받아서'라고 받침을 살려서 써야 합니다.

문장 바르게 쓰기

3 다음 밑줄 친 낱말을 바르게 고쳐 문장을 다시 쓰세요.

① 미듬을 가져요.

믿음을 ∨ 가져요.

② 우름이 터졌어요.

울음이 ∨ 터졌어요.

······ ① [미듬]이라고 소리 나지만 쓸 때는 '믿음'으로 받침을 살려서 써야 합니다.
······ ② [우름]이라고 소리 나지만 쓸 때는 '울음'으로 받침을 살려서 써야 합니다.

이야기 속 맞춤법 문장 쓰기

지민이는 **놀이터**에서 노는 걸 가장 좋아해요. 그네도 있고, 작은 모래 놀이터도 있거든요. 어느 날, 지민이는 하루 종일 놀이터에서 신나게 놀다가 집으로 들어왔어요. 그런데 깜깜한 밤이 되어서야 모래 놀이터에 **무든** 자동차 장난감이 생각났어요.

"헉! 내 장난감!"

지민이는 얼른 놀이터로 달려갔어요. 아이들이 하나도 없는 텅 빈 놀이터였지요. 왠지 으스스했어요.

그때였어요. '삐걱' 하고 그네가 저절로 움직이는 소리가 들렸어요.

"으악!"

지민이는 깜짝 놀라 집으로 **도라가** 버렸어요. 장난감은 잊은 채 말이에요. 사실 그 소리는 고양이가 그네를 건드려 난 소리였답니다.

문장 바르게 고쳐 쓰기

4 다음 밑줄 친 부분을 바르게 고쳐 문장을 다시 쓰세요.

① 모래 놀이터에 무든 자동차 장난감이 생각났어요. ······ '무든'은 '묻은'으로 고쳐 써야 합니다.
➪ 모래 놀이터에 묻은 자동차 장난감이 생각났어요.

② 지민이는 깜짝 놀라 집으로 도라가 버렸어요. ······ '도라가'는 '돌아가'로 고쳐 써야 합니다.
➪ 지민이는 깜짝 놀라 집으로 돌아가 버렸어요.

문장 만들어 쓰기

5 다음 낱말 중 한 가지를 넣어, 지민이에게 하고 싶은 말을 문장으로 쓰세요.

놀이터   묻은   돌아가

✏ 예 지민아, 놀이터에서 놀고 난 뒤에는 잊은 물건이 없는지 확인해야 해. / 지민아, 놀이터에 묻은 장난감을 찾지 못하고 집에 돌아가서 아쉬웠겠다.

주어진 낱말을 넣어, 놀이터에 두고 온 물건 때문에 깜짝 놀란 경험을 한 지민이에게 해 주고 싶은 말을 씁니다. 또한 낱말을 쓸 때는 ㄷ, ㄹ 받침이 뒤로 넘어가서 소리 나는 대로 쓰지 않도록 주의합니다.

받아쓰기

듣고 따라 쓰기

1 낱말 쓰기

①		②		③		
믿	음	울	음	돋	아	요

④			⑤			⑥		
돌	아	요	나	들	이	놀	이	터

2 문장 쓰기

① 나 들 이 해 요

② 믿 음 을 ∨ 가 져 요

③ 울 음 이 ∨ 터 졌 어 요

④ 선 물 을 ∨ 받 아 서 ∨ 기 분
이 ∨ 좋 아 요

⑤ 모 래 ∨ 놀 이 터 에 ∨ 묻 은 ∨
장 난 감 이 ∨ 생 각 났 어 요

⑥ 지 민 이 는 ∨ 얼 른 ∨ 놀 이
터 로 ∨ 달 려 갔 어 요

10 ㅁ, ㅂ 받침이 뒤로 넘어가서 소리 나는 말

맞춤법

ㅁ, ㅂ 받침이 뒤에 오는 모음과 만나면	읽을 때	쓸 때
	ㅁ, ㅂ이 뒤로 넘어가서 소리나요. 예 [으막]	ㅁ, ㅂ 받침을 그대로 살려서 써요. 예 음악

맞춤법 연습

	이렇게 소리 나요!	따라 쓰세요!
밥알	[바발]	밥 알
더듬이	[더드미]	더 듬 이
아침이	[아치미]	아 침 이

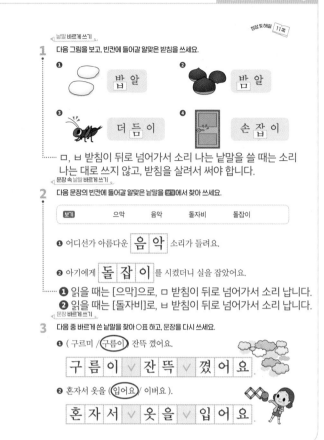

낱말 바르게 쓰기

1. 다음 그림을 보고, 빈칸에 들어갈 알맞은 받침을 쓰세요.

① 밥 알   ② 밤 알   ③ 더 듬 이   ④ 손 잡 이

⋯⋯ ㅁ, ㅂ 받침이 뒤로 넘어가서 소리 나는 낱말을 쓸 때는 소리 나는 대로 쓰지 않고, 받침을 살려서 써야 합니다.

문장 속 낱말 바르게 쓰기

2. 다음 문장의 빈칸에 들어갈 알맞은 낱말을 보기에서 찾아 쓰세요.

보기   으막   음악   돌자비   돌잡이

① 어디선가 아름다운 음 악 소리가 들려요.

② 아기에게 돌 잡 이 를 시켰더니 실을 잡았어요.

⋯⋯ ① 읽을 때는 [으막]으로, ㅁ 받침이 뒤로 넘어가서 소리 납니다.
② 읽을 때는 [돌자비]로, ㅂ 받침이 뒤로 넘어가서 소리 납니다.

문장 바르게 쓰기

3. 다음 중 바르게 쓴 낱말을 찾아 ○표 하고, 문장을 다시 쓰세요.

① (구르미 / (구름이)) 잔뜩 꼈어요.

구 름 이 ∨ 잔 뜩 ∨ 꼈 어 요

② 혼자서 옷을 ((입어요) / 이버요).

혼 자 서 ∨ 옷 을 ∨ 입 어 요

이야기 속 맞춤법 문장 쓰기

아기 **사슴**은 깜깜한 **밤이** 무서웠어요. 어디선가 바람 소리도 '윙윙' 들리고, 부엉이 소리도 '부엉부엉' 들렸거든요. 그래서 **잠이** 오지 않았어요.
"아가, 괜찮아. 무서워하지 않아도 돼."
"힝, 그래도 너무 무서운걸요."
"걱정하지 말렴. **지베** 있으면 괜찮아. 알겠지?"
엄마 사슴은 부드럽게 웃으며 자장가를 불러 주었어요. **마음을** 따뜻하게 어루만져 주는 부드러운 자장가였어요. 아기 사슴은 점점 눈이 감겼어요. 스르르 잠이 왔지요. 그러고는 달콤한 꿈나라로 여행을 떠났답니다. **아치미** 올 때까지 말이에요.

문장 바르게 고쳐 쓰기

4. 다음 밑줄 친 부분을 바르게 고쳐 문장을 다시 쓰세요.

① 걱정하지 말렴. 지베 있으면 괜찮아. ⋯ '지베'는 '집에'로 고쳐 써야 합니다.

⇨ 걱정하지 말렴. 집에 있으면 괜찮아.

② 아치미 올 때까지 말이에요. ⋯ '아치미'는 '아침이'로 고쳐 써야 합니다.

⇨ 아침이 올 때까지 말이에요.

⋯ 주어진 낱말을 넣어, 밤이 무서워 잠이 들지 못하는 아기 사슴의 마음을 다독이는 말을 씁니다. 또한 낱말을 쓸 때는 ㅁ 받침이 뒤로 넘어가서 소리 나는 대로 쓰지 않도록 주의합니다.

문장 만들어 쓰기

5. 다음 낱말 중 한 가지를 넣어, 아기 사슴에게 해 주고 싶은 말을 문장으로 쓰세요.

사슴아   잠이   마음을   아침이

✏ 예 아기 사슴아, 잠이 오지 않을 때 즐거운 생각을 해 봐. 마음이 편안해져서 잠이 잘 올 거야. / 아기 사슴아, 아침이 올 때까지 깨지 말고 푹 자렴.

받아쓰기 (듣고 따라 쓰기)

1 낱말 쓰기

① 밥 알   ② 음 악   ③ 더 듬 이
④ 손 잡 이   ⑤ 돌 잡 이   ⑥ 구 름 이

2 문장 쓰기

① 구 름 이 ∨ 잔 뜩 ∨ 꼈 어 요

② 혼 자 서 ∨ 옷 을 ∨ 입 어 요

③ 스 르 르 ∨ 잠 이 ∨ 왔 지 요

④ 아 름 다 운 ∨ 음 악 ∨ 소 리 가 ∨ 들 려 요

⑤ 아 기 ∨ 사 슴 은 ∨ 깜 깜 한 밤 이 ∨ 무 서 웠 어 요

⑥ 아 침 이 ∨ 올 ∨ 때 까 지 ∨ 말 이 에 요

11 ᄉ, ᄌ, ᄎ 받침이 뒤로 넘어가서 소리 나는 말

쏙쏙 맞춤법

ᄉ, ᄌ, ᄎ 받침이 뒤에 오는 모음과 만나면	**읽을 때** ᄉ, ᄌ, ᄎ이 뒤로 넘어가서 소리가 나요.	**쓸 때** ᄉ, ᄌ, ᄎ 받침을 그대로 살려서 써요.
	예 [꼬치야]	예 꽃이야

맞춤법 연습

	이렇게 소리 나요!	따라 써세요!
빛을	[비츨]	빛 을
책꽂이	[책꼬지]	책 꽂 이
깨끗이	[깨끄시]	깨 끗 이

낱말 바르게 쓰기

1 다음 중 바르게 쓴 낱말에 ○표 하고, 빈칸에 쓰세요.

❶ 비츨 / (빛을) → 빛 을

❷ 책꼬지 / (책꽂이) → 책 꽂 이

ᄉ, ᄌ, ᄎ 받침이 모음을 만나면 ᄉ, ᄌ, ᄎ이 뒤로 넘어가서 소리가 납니다. 하지만 쓸 때는 ᄉ, ᄌ, ᄎ 받침을 살려서 써야 합니다.

문장 속 낱말 바르게 쓰기

2 다음 문장의 빈칸에 들어갈 낱말로 알맞은 것에 ○표 하고, 바르게 쓰세요.

❶ (오슬 / (옷을)) → 옷 을 따뜻하게 입어요.

❷ ((낮에도) / 나제도) → 내 동생은 낮 에 도 잠을 자요.

❶ '옷'에 '-을'이 붙은 말로, 읽을 때는 [오슬]이라고 소리 나지 만 쓸 때는 '옷을'이라고 받침을 살려서 써야 합니다.

❷ '낮'에 '-에도'가 붙은 말로 [나제도]라고 소리 나지만 쓸 때는 '낮에도'라고 받침을 살려서 써야 합니다.

문장 바르게 쓰기

3 다음 밑줄 친 낱말을 바르게 고쳐 문장을 다시 쓰세요.

❶ 손을 깨끄시 씻어요.

손	을	∨	깨	끗	이	∨	씻	어	요	.

❷ 꼬치 피어났어요.*

꽃	이	∨	피	어	났	어	요	.

* 피어났어요: 꽃 등이 피게 되었어요.

이야기 속 맞춤법 문장 쓰기

옛날 어느 산골에 **우슴소리**가 아주 큰 곰이 살고 있었어요. 곰의 웃음소리 가 얼마나 큰지 백 걸음 밖에서도 들릴 정도였지요.

이느 날, 곰은 아리따운 곰 한 마리를 보게 되었어요. 아리따운 곰은 열심히 **꼬츨** 따고 있었어요. 옆에 다른 곰이 있는 줄도 모르고 말이에요. 웃음소리가 큰 곰은 속으로 생각했어요. '내 짝을 찾았다!' 하고 말이에요. 곰은 신이 나 서 그만 크게 **웃음**을 터뜨리고 말았어요.

"하하!"

그 소리가 어찌나 컸던지 산새들이 푸드덕 날아가고, 산짐승들이 우당탕 도 망갈 정도였어요. 그 바람에 꽃을 따던 곰까지 "어머나!" 하고는 도망을 쳤답 니다.

문장 바르게 고쳐 쓰기

4 다음 밑줄 친 부분을 바르게 고쳐 문장을 다시 쓰세요.

❶ 우슴소리가 아주 큰 곰이 살고 있었어요.

'웃음소리'는 [우슴쏘리]라고 읽지만, 쓸 때는 '웃음소리'라고 씁니다.

⇨ 웃음소리가 아주 큰 곰이 살고 있었어요.

❷ 아리따운 곰은 열심히 꼬츨 따고 있었어요.

'꽃'과 '을'이 합쳐지면 [꼬츨]이 라고 읽고, '꽃을'이라고 씁니다.

⇨ 아리따운 곰은 열심히 꽃을 따고 있었어요.

문장 만들어 쓰기

5 다음 낱말 중 한 가지를 넣어, 웃음소리가 큰 곰에게 하고 싶은 말을 문장으로 쓰세요.

웃음	꽃을	웃음소리

예 곰아, 웃음이 많은 것은 좋지만 너무 크게 웃는다면 친구들이 놀랄 수 있으니 조심해야 해. / 곰아, 큰 웃 음소리 때문에 친구가 떠나서 너무 속상하겠구나.

주어진 낱말을 넣어, 큰 웃음소리 때 문에 마음에 드는 친구를 놓친 곰에 게 하고 싶은 말을 씁니다. 또한 낱말 을 쓸 때는 ᄉ, ᄎ 받침이 뒤로 넘어 가서 소리 나는 대 로 쓰지 않도록 주 의합니다.

듣고 따라쓰기

1 낱말 쓰기

❶		❷		❸	
꽃	을	옷	을	웃	음

❹			❺			❻		
낮	에	도	깨	끗	이	씻	어	요

2 문장 쓰기

❶
옷	을	∨	입	어	요	.			

❷
꽃	이	∨	피	어	났	어	요	.	

❸
손	을	∨	깨	끗	이	∨	씻	어	요	.

❹
| 내 | ∨ | 동 | 생 | 은 | ∨ | 낮 | 에 | 도 | ∨ |
| 잠 | 을 | ∨ | 자 | 요 | . | | | | |

❺
| 웃 | 음 | 소 | 리 | 가 | ∨ | 아 | 주 | ∨ | 큰 | ∨ |
| 곰 | 이 | ∨ | 살 | 고 | ∨ | 있 | 었 | 어 | 요 | . |

❻
| 아 | 리 | 따 | 운 | ∨ | 곰 | 은 | ∨ | 꽃 | 을 | ∨ |
| 따 | 고 | ∨ | 있 | 었 | 어 | 요 | . | | | |

---

12 ㅋ, ㅌ, ㅍ 받침이 뒤로 넘어가서 소리 나는 말

쏙쏙 맞춤법

	읽을 때	쓸 때
ㅋ, ㅌ, ㅍ 받침 뒤에 오는 모음과 만나면	ㅋ, ㅌ, ㅍ이 뒤로 넘어가서 소리가 나요. 예 [수프로]	ㅋ, ㅌ, ㅍ 받침을 그대로 살려서 써요. 예 숲으로

맞춤법 연습

	이렇게 소리 나요!	따라 쓰세요!
깊이	[기피]	깊이
부엌에	[부어케]	부엌에
밑으로	[미트로]	밑으로

낱말 바르게 쓰기

1 다음 그림을 보고, 잘못 쓴 낱말을 찾아 바르게 고쳐 쓰세요.

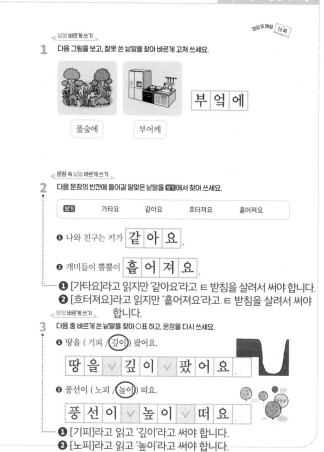

풀숲에   부어케

부엌에

문장 속 낱말 바르게 쓰기

2 다음 문장의 빈칸에 들어갈 알맞은 낱말을 보기에서 찾아 쓰세요.

보기	가타요	같아요	흐터져요	흩어져요

❶ 나와 친구는 키가 같 아 요 .

❷ 개미들이 뿔뿔이 흩 어 져 요 .

┄┄ ❶ [가타요]라고 읽지만 '같아요'라고 ㅌ 받침을 살려서 써야 합니다.
┄┄ ❷ [흐터져요]라고 읽지만 '흩어져요'라고 ㅌ 받침을 살려서 써야 합니다.

문장 바르게 쓰기

3 다음 중 바르게 쓴 낱말을 찾아 ○표 하고, 문장을 다시 쓰세요.

❶ 땅을 (기피 / (깊이)) 팠어요.

땅 을 ∨ 깊 이 ∨ 팠 어 요

❷ 풍선이 (노피 / (높이)) 떠요.

풍 선 이 ∨ 높 이 ∨ 떠 요

┄┄ ❶ [기피]라고 읽고 '깊이'라고 써야 합니다.
┄┄ ❷ [노피]라고 읽고 '높이'라고 써야 합니다.

이야기 속 맞춤법 문장 쓰기

수페 사는 복슬복슬한 곰은 요리를 좋아해요. 그래서 매일 부엌에서 맛있는 요리를 하지요.

"음, 어디서 맛있는 냄새가 나는 걸까?"

하루는 숲에 사는 늑대가 곰의 부엌에서 나는 요리 냄새를 맡았어요.

'흐흐, 곰이 없을 때 음식을 다 먹어 버려야지.'

그때, 곰이 집 밖으로 나와서 어딘론가 갔어요. 늑대는 잽싸게 부엌문 미트로 기어들어 갔지요. 그러고는 곰이 만들어 놓은 음식을 모두 먹어 버렸어요.

배가 부른 늑대는 다시 집 밖으로 나가려고 했어요. 하지만 부른 배 때문에 도저히 나갈 수가 없었어요. 문 아래에 배가 끼고 말았거든요. 늑대는 곰이 올 때까지 한참 동안 문 아래에서 끙끙대고 있었답니다.

문장 바르게 고쳐 쓰기

4 다음 밑줄 친 부분을 바르게 고쳐 문장을 다시 쓰세요.

❶ 수페 사는 복슬복슬한 곰은 요리를 좋아해요.

⇨ 숲에 사는 복슬복슬한 곰은 요리를 좋아해요.

'숲에'는 [수페]로 소리 나지만 쓸 때는 '숲에'로 써야 합니다.

❷ 늑대는 잽싸게 부엌문 미트로 기어들어 갔지요.

⇨ 늑대는 잽싸게 부엌문 밑으로 기어들어 갔지요.

'밑으로'는 [미트로]로 소리 나지만 쓸 때는 '밑으로'라고 써야 합니다.

문장 만들기

┄┄ '숲에', '부엌에' 등의 낱말을 넣어 늑대에게 해 주고 싶은 말을 씁니다. 또한 낱말을 쓸 때는 ㅋ, ㅌ, ㅍ 받침이 뒤로 넘어가서 소리 나는 대로 쓰지 않도록 주의합니다.

5 다음 규칙에 맞게 문장을 만들어 쓰세요. 소리 나는 대로 쓰지 않도록 주의합니다.

규칙	① ㅋ, ㅌ, ㅍ 받침이 뒤로 넘어가서 소리 나는 낱말을 한 가지 이상 넣어서 써요. ② 늑대에게 해 주고 싶은 말을 써요.

예 숲에 사는 늑대야, 남의 부엌에 함부로 들어가면 안 돼. / 늑대야, 곰의 부엌에서 음식을 몰래 먹은 것은 잘못된 행동이야.

받아쓰기 (듣고 따라 쓰기)

1 낱말 쓰기

❶ 높 이	❷ 숲 에	❸ 숲 으 로
❹ 부 엌 에	❺ 같 아 요	❻ 밑 으 로

2 문장 쓰기

❶ 키 가 ∨ 같 아 요

❷ 땅 을 ∨ 깊 이 ∨ 팠 어 요

❸ 풍 선 이 ∨ 높 이 ∨ 떠 요

❹ 개 미 들 이 ∨ 뿔 뿔 이 ∨ 흩 어 져 요

❺ 매 일 ∨ 부 엌 에 서 ∨ 맛 있 는 ∨ 요 리 를 ∨ 하 지 요

❻ 부 엌 문 ∨ 밑 으 로 ∨ 기 어 들 어 ∨ 갔 지 요

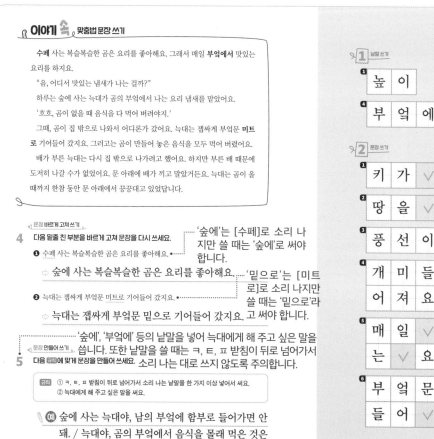

13 ㄲ, ㅆ 받침이 뒤로 넘어가서 소리 나는 말

쏙쏙 맞춤법

	읽을 때	쓸 때
ㄲ, ㅆ 받침이 뒤에 오는 모음과 만나면	ㄲ, ㅆ이 뒤로 넘어가서 소리나요. 예 [다까요]	ㄲ, ㅆ 받침을 그대로 살려서 써요. 예 닦아요

맞춤법 연습

	이렇게 소리 나요!	따라 쓰세요!
갔어요	[가써요]	갔어요
썼어요	[써써요]	썼어요
볶음밥	[보끔밥]	볶음밥

낱말 바르게 쓰기

정답 및 해설 14쪽

1 다음 중 바르게 쓴 낱말에 ○표 하고, 빈칸에 쓰세요.

❶ 거꺼요 / (겪어요) → 겪어요
❷ (샀어요) / 사써요 → 샀어요

문장 속 낱말 바르게 쓰기

2 다음 문장의 빈칸에 들어갈 낱말로 알맞은 것에 ○표 하고, 바르게 쓰세요.

❶ (연필까끼 / (연필깎이)) → 연필깎이 로 연필을 깎아요.
❶ [연필까끼]라고 소리 나지만 쓸 때는 '연필깎이'라고 써야 합니다.

❷ ((빠졌어요) / 빠져써요) → 당나귀가 물에 빠졌어요.
❷ [빠져써요]라고 소리 나지만 쓸 때는 '빠졌어요'라고 써야 합니다.

문장 바르게 쓰기

3 다음 밑줄 친 낱말을 바르게 고쳐 문장을 다시 쓰세요.

❶ 리본을 무꺼요. → 리본을 ∨ 묶어요.
❶ [무꺼요]라고 소리 나지만 쓸 때는 '묶어요'라고 받침을 살려 써야 합니다.

❷ 편지를 써써요. → 편지를 ∨ 썼어요.
❷ [써써요]라고 소리 나지만 쓸 때는 '썼어요'라고 받침을 살려 써야 합니다.

이야기 속 맞춤법 문장 쓰기

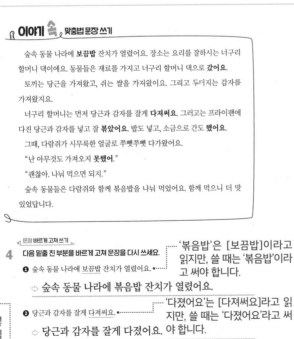

숲속 동물 나라에 **볶음밥** 잔치가 열렸어요. 장소는 요리를 잘하시는 너구리 할머니 댁이에요. 동물들은 재료를 가지고 너구리 할머니 댁으로 **갔어요.**

토끼는 당근을 가져왔고, 쥐는 쌀을 가져왔어요. 그리고 두더지는 감자를 가져왔지요.

너구리 할머니는 먼저 당근과 감자를 잘게 **다져써요.** 그러고는 프라이팬에 다진 당근과 감자를 넣고 잘 **볶았어요.** 밥도 넣고, 소금으로 간도 **했어요.**

그때, 다람쥐가 시무룩한 얼굴로 쭈뼛쭈뼛 다가왔어요.

"난 아무것도 가져오지 **못했어.**"

"괜찮아. 나눠 먹으면 되지."

숲속 동물들은 다람쥐와 함께 볶음밥을 나눠 먹었어요. 함께 먹으니 더 맛있었답니다.

문장 바르게 고쳐 쓰기

4 다음 밑줄 친 부분을 바르게 고쳐 문장을 다시 쓰세요.

❶ 숲속 동물 나라에 보끔밥 잔치가 열렸어요.
⇨ 숲속 동물 나라에 볶음밥 잔치가 열렸어요.

'볶음밥'은 [보끔밥]이라고 읽지만, 쓸 때는 '볶음밥'이라고 써야 합니다.

❷ 당근과 감자를 잘게 다져써요.
⇨ 당근과 감자를 잘게 다졌어요.

'다졌어요'는 [다져써요]라고 읽지만, 쓸 때는 '다졌어요'라고 써야 합니다.

문장 만들어 쓰기

5 다음 낱말 중 한 가지를 넣어, 동물들에게 하고 싶은 말을 문장으로 쓰세요.

| 볶음밥 | 볶았어 | 했어 |

예 동물들아, 볶음밥 맛있었니? 여럿이 모여서 맛있는 음식을 만들어 먹는 일이 정말 즐거워 보였어. / 너희를 보면서 나도 다람쥐와 같은 친구를 챙겨 줘야겠다는 생각을 했어.

주어진 낱말을 넣어, 즐겁게 음식을 나누어 먹은 동물 친구들에게 하고 싶은 말을 씁니다. 또한 낱말을 쓸 때는 ㄲ, ㅆ 받침이 뒤로 넘어가서 소리 나는 대로 쓰지 않도록 주의합니다.

받아쓰기

정답 및 해설 14쪽

1 낱말 쓰기

❶ 닦아요 ❷ 겪어요 ❸ 샀어요
❹ 깎아요 ❺ 썼어요 ❻ 갔어요

2 문장 쓰기

❶ 리본을 ∨ 묶어요.
❷ 편지를 ∨ 썼어요.
❸ 연필을 ∨ 깎아요.
❹ 당근과 ∨ 감자를 ∨ 잘게 ∨ 다졌어요.
❺ 볶음밥 ∨ 잔치가 ∨ 열렸어요.
❻ 너구리 ∨ 할머니 ∨ 댁으로 ∨ 갔어요.

14 받침이 [ㄱ]으로 소리 나는 말

맞춤법	읽을 때	쓸 때
ㄱ, ㄲ, ㅋ 받침은	모두 대표 소리인 [ㄱ]으로 소리 나요. 예 솎다[솎따], 속다[속따]	원래 받침을 그대로 살려서 써야 해요. 예 솎다, 속다

맞춤법 연습

	이렇게 소리 나요!	따라 쓰세요!
가족	[가족]	가 족
문밖	[문박]	문 밖
부엌	[부억]	부 엌

낱말 바르게 쓰기

정답 및 해설 15쪽

1 다음 그림을 보고, 빈칸에 들어갈 알맞은 받침을 쓰세요.

❶ 문 밖

❷ 가 족

❸ 한 복

❹ 키 읔

문장 속 낱말 바르게 쓰기

2 다음 중 문장의 빈칸에 들어갈 알맞은 낱말을 찾아 쓰세요.

❶ 기억 / 기억 — 어릴 적 **기 억** 을 떠올려요.

❶ '기억'은 ㄱ 받침이 들어 있는 낱말로, ㄱ 받침 그대로 [기억]으로 소리 납니다.

❷ 들녁 / 들녘 — **들 녘** 에는 누런 벼가 익어 가요.

*들이 넓게 펼쳐져 있는 곳

❷ '들녘'은 ㅋ 받침이 들어 있는 낱말로, ㅋ 받침이 대표 소리인 [ㄱ]으로 소리 나 [들력]이라고 읽습니다.

문장 바르게 쓰기

3 다음 밑줄 친 낱말을 바르게 고쳐 문장을 다시 쓰세요.

❶ 창박을 내다봐요.

창	밖	을	∨	내	다	봐	요	.

❷ 동녁이 밝아 와요.

동	녘	이	∨	밝	아	∨	와	요	.

❶ 읽을 때는 ㄲ 받침이 대표 소리인 [ㄱ]으로 소리 나 [창박]이라고 읽습니다.

❷ 읽을 때는 ㅋ 받침이 대표 소리인 [ㄱ]으로 소리 나 [동녁]이라고 읽습니다.

이야기 속 맞춤법 문장 쓰기

빨강, 주황, 노랑 등 여러 **색깔**이 모여 사는 나라가 있었어요. 그런데 어느 날, 색깔 나라에 검정이 나타났어요.

"으악! 너는 색깔이 그게 뭐니? 칙칙해!"

"너무 어두워."

색깔들이 한 말에 속상해진 검정은 **부엌** 안으로 들어갔어요. 맛있는 걸 먹으면 기분이 좋아질 것 같았거든요. 검정은 요리에 여러 색깔 소스*를 하나씩 섞기 시작했어요. 빨강, 주황, 노랑 소스에 이어 초록, 파랑, 남색 소스까지 넣었지요. 마지막으로 보라 소스도 넣었어요.

창밖에서 그 모습을 보고 있던 색깔들은 깜짝 놀랐어요. 색깔 소스를 모두 섞었더니 검정이 되었거든요. 색깔들은 검정을 놀린 것이 미안해졌답니다.

* 소스(sauce): 맛을 돋우기 위하여 넣어 먹는 걸쭉한 액체.

문장 바르게 고쳐 쓰기

4 다음 밑줄 친 부분을 바르게 고쳐 문장을 다시 쓰세요.

❶ 속상해진 검정은 부억 안으로 들어갔어요. ••••• '부억'은 '부엌'으로 고쳐 써야 합니다.

▷ 속상해진 검정은 부엌 안으로 들어갔어요.

❷ 창박에서 그 모습을 보고 있던 색깔들은 깜짝 놀랐어요. ••••• '창박'은 '창밖'으로 고쳐 써야 합니다.

▷ 창밖에서 그 모습을 보고 있던 색깔들은 깜짝 놀랐어요.

문장 만들어 쓰기

받침이 [ㄱ]으로 소리 나는 낱말을 넣어, 색깔 나라의 색깔들에게 해 주고 싶은 말을 씁니다.

5 다음 규칙에 맞게 문장을 만들어 쓰세요.

규칙 ① 받침이 [ㄱ]으로 소리 나는 낱말을 넣어서 써요.
② 색깔들에게 해 주고 싶은 말을 써요.

✏ 예 모든 색깔은 각각이 다 아름답고 꼭 필요해. 그러니까 검정을 놀리지 말고 사이좋게 지내렴. / 색깔 소스를 모두 섞었더니 검정이 되어서 놀랐겠다. 모든 색은 다 아름다운 것이니 사이좋게 지내자.

받아쓰기

받아쓰기 (듣고 따라 쓰기)

정답 및 해설 15쪽

1 낱말 쓰기

❶ 문 밖   ❷ 가 족   ❸ 한 복
❹ 기 억   ❺ 들 녘   ❻ 부 엌

2 문장 쓰기

❶
창	밖	을	∨	내	다	봐	요	.

❷
동	녘	이	∨	밝	아	∨	와	요	.

❸
색	깔	이	∨	그	게	∨	뭐	니	?

❹
어	릴	∨	적	∨	기	억	을	∨	떠
올	려	요	.						

❺
들	녘	에	는	∨	누	런	∨	벼	가
익	어	∨	가	요	.				

❻
색	깔	∨	소	스	를	∨	하	나	씩	∨
섞	기	∨	시	작	했	어	요	.		

15 받침이 [ㄷ]으로 소리 나는 말

태리야, 식탁 위에 있는 물건 중에서, 이름에 'ㅅ' 받침이 들어가는 것을 가져다 줄래?

왜 아무것도 안 들고 왔어?

[ㄷ]으로 소리 나지만 모두 받침이 달라단. 이름에 'ㅅ' 받침이 들어가는 물건은 붓이야.

이름에 'ㄷ' 받침이 들어가는 물건만 있어요. 윷, 꽃, 붓 모두 많이요.

아하!

쏙쏙 맞춤법

ㄷ, ㅅ, ㅈ, ㅊ, ㅌ 받침은	읽을 때	쓸 때
	모두 대표 소리인 [ㄷ]으로 소리 나요. 예 윷[윧], 꽃[꼳], 붓[붇]	원래 받침을 그대로 살려서 써야 해요. 예 윷, 꽃, 붓

맞춤법 연습

	이렇게 소리 나요!	따라 쓰세요!
이웃	[이욷]	이 웃
땡볕	[땡볃]	땡 볕
밤낮	[밤낟]	밤 낮

낱말 바르게 쓰기

1 다음 중 바르게 쓴 낱말에 ○표 하고, 빈칸에 쓰세요.

❶ 땡볕 / 땡볃 → 땡 볕

❷ 빛깔 / 빋깔 → 빛 깔

> ㄷ, ㅅ, ㅈ, ㅊ, ㅌ 받침은 읽을 때 모두 [ㄷ]으로 소리 납니다. 이때 [ㄷ]을 ㄷ, ㅅ, ㅈ, ㅊ, ㅌ 받침의 대표 소리라고 합니다. 쓸 때는 원래의 받침을 살려서 써야 합니다.

문장 속 낱말 바르게 쓰기

2 다음 문장의 빈칸에 들어갈 낱말로 알맞은 것에 ○표 하고, 바르게 쓰세요.

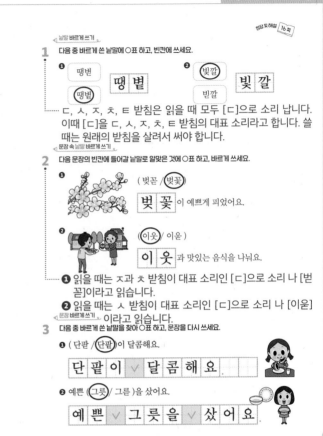

❶ (벗꼳 / 벚꽃) → 벚 꽃 이 예쁘게 피었어요.

❷ (이웃 / 이욷) → 이 웃 과 맛있는 음식을 나눠요.

❶ 읽을 때는 ㅈ과 ㅊ 받침이 대표 소리인 [ㄷ]으로 소리 나 [벋꼳]이라고 읽습니다.
❷ 읽을 때는 ㅅ 받침이 대표 소리인 [ㄷ]으로 소리 나 [이욷]이라고 읽습니다.

문장 바르게 쓰기

3 다음 중 바르게 쓴 낱말을 찾아 ○표 하고, 문장을 다시 쓰세요.

❶ (단팓 / 단팥)이 달콤해요.

단	팥	이	∨	달	콤	해	요	.

❷ 예쁜 (그릇 / 그륻)을 샀어요.

예	쁜	∨	그	릇	을	∨	샀	어	요	.

이야기 속 맞춤법 문장 쓰기

차가운 바람이 **밤낮** 멈추지 않고 불었어요. 밤새 눈이 내려 주위는 온통 하얀 **눈밭**이었지요. 작은 **씨앗**은 몸을 잔뜩 움츠렸어요. 너무 추워서 몸이 저절로 덜덜 떨렸어요.

'아, 이대로는 버티지 못할 것 같아.'

작은 씨앗은 추위 때문에 정신을 잃을 것 같았어요. 그때, 어디선가 따뜻한 속삭임이 들렸어요.

"힘을 내. 작은 씨앗아, 이제 곧 봄이 올 거야. 그러면 너는 예쁜 꽃을 피울 수 있어."

작은 씨앗은 정신이 반짝 들었어요.

'그래, 난 따뜻한 봄을 기다릴 거야.'

작은 씨앗은 예쁜 꽃을 피울 그날을 기다리기로 굳게 마음먹었답니다.

문장 바르게 고쳐 쓰기

4 다음 밑줄 친 부분을 바르게 고쳐 문장을 다시 쓰세요.

❶ 주위는 온통 하얀 눈밭이었지요. ····· '눈밭'은 '눈밭'으로 고쳐 써야 합니다.

⇨ 주위는 온통 하얀 눈밭이었지요.

❷ 작은 씨앗은 몸을 잔뜩 움츠렸어요. ····· '씨앗'은 '씨앗'으로 고쳐 써야 합니다.

⇨ 작은 씨앗은 몸을 잔뜩 움츠렸어요.

문장 만들어 쓰기

5 다음 낱말 중 한 가지를 넣어, 작은 씨앗에게 용기를 줄 수 있는 말을 문장으로 쓰세요.

곧	꽃	눈밭	밤낮	씨앗

예 작은 씨앗아, 넌 곧 꽃을 피우게 될 거야. 조그만 더 힘을 내자! / 씨앗아, 봄이 오면 눈밭이 녹고 너는 꽃을 피울 수 있을 거야. 조금만 기다려.

주어진 낱말을 넣어, 봄을 기다리며 추위에 떨고 있는 작은 씨앗에게 희망과 용기를 줄 수 있는 말을 생각하여 씁니다.

받아쓰기 (듣고 따라 쓰기)

1 낱말 쓰기

❶ 땡 볕	❷ 빛 깔	❸ 벚 꽃
❹ 이 웃	❺ 단 팥	❻ 눈 밭

2 문장 쓰기

❶
벚	꽃	이	∨	피	었	어	요	.

❷
단	팥	이	∨	달	콤	해	요	.

❸
예	쁜	∨	그	릇	을	∨	샀	어	요	.

❹
이	웃	과	∨	맛	있	는	∨	음	식
을	∨	나	눠	요	.				

❺
바	람	이	∨	밤	낮	∨	멈	추	지	∨
않	고	∨	불	었	어	요	.			

❻
씨	앗	은	∨	정	신	을	∨	잃	을
것	∨	같	았	어	요	.			

16 받침이 [ㅂ]으로 소리 나는 말

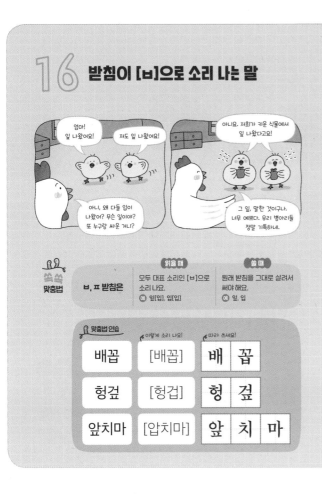

쏙쏙 맞춤법

ㅂ, ㅍ 받침은	읽을 때	쓸 때
	모두 대표 소리인 [ㅂ]으로 소리 나요. 예 잎[입], 입[입]	원래 받침을 그대로 살려서 써야 해요. 예 잎, 입

맞춤법 연습

	이렇게 소리 나요!	따라 쓰세요!
배꼽	[배꼽]	배 꼽
헝겊	[헝겁]	헝 겊
앞치마	[압치마]	앞 치 마

낱말 바르게 쓰기

1 다음 그림을 보고, 잘못 쓴 낱말을 찾아 바르게 고쳐 쓰세요.

아홉　　　헝겁

헝 겊

문장 속 낱말 바르게 쓰기

2 다음 문장의 빈칸에 들어갈 알맞은 낱말을 보기에서 찾아 쓰세요.

보기	정답	정닶	압쪽	앞쪽

❶ 이 문제의 정 답 은 무엇일까요?

❷ 교실 앞 쪽 에는 칠판이 있어요.

❶ 읽을 때도 ㅂ 받침 그대로 [정답]으로 소리 납니다.
❷ 읽을 때는 ㅍ 받침이 대표 소리인 [ㅂ]으로 소리 나므로 [압쪽]이라고 읽습니다.

문장 바르게 쓰기

3 다음 밑줄 친 낱말을 바르게 고쳐 문장을 다시 쓰세요.

❶ 압치마를 둘렀어요. ·둘렀어요: 띠나 수건, 치마 등을 몸에 휘감았어요.

앞	치	마	를	∨	둘	렀	어	요	.

❷ 숲에 동물이 살아요.

숲	에	∨	동	물	이	∨	살	아	요	.

❶ 읽을 때는 ㅍ 받침이 대표 소리인 [ㅂ]으로 소리 나므로 [압치마]라고 읽습니다.
❷ 읽을 때는 ㅍ 받침이 대표 소리인 [ㅂ]으로 소리 나므로 [숩]이라고 읽습니다.

이야기 속 맞춤법 문장 쓰기

어느 날, 태호는 넘어지면서 <u>무릅</u>이 땅에 부딪혀서 피부가 까졌어요. 그래서 엄마는 태호를 데리고 <u>집 압</u> 약국으로 갔어요.

"엄마, 저 반창고 말고 다른 것도 사 주시면 안 돼요?"

태호는 엄마께 아주 커다란 통에 든 비타민을 들어 보였어요.

"응? 우리는 작은 반창고를 사러 왔잖아. 이렇게 큰 다른 것도 산다고? 배보다 <u>배꼽</u>이 더 크다는 속담*이 딱 맞네."

"네? 배보다 배꼽이 어떻게 더 클 수 있어요?"

"우리 태호가 지금 사려는 게 그런 거지. 원래 필요한 것보다 덧붙이는 것이 훨씬 큰 경우니까 말이야."

엄마는 조용히 웃었답니다.

* 속담: 옛날부터 사람들 사이에서 얘기되는, 교훈이나 풍자가 담긴 짧은 말.

문장 바르게 고쳐 쓰기

4 다음 밑줄 친 부분을 바르게 고쳐 문장을 다시 쓰세요.

❶ 무릅이 땅에 부딪혀서 피부가 까졌어요. ····· '무릅'은 '무릎'으로 고쳐 써야 합니다.

⇨ 무릎이 땅에 부딪혀서 피부가 까졌어요.

❷ 엄마는 태호를 데리고 집 압 약국으로 갔어요. ····· '집 압'은 '집 앞'으로 고쳐 써야 합니다.

⇨ 엄마는 태호를 데리고 집 앞 약국으로 갔어요.

문장 만들어 쓰기

5 다음 규칙에 맞게 문장을 만들어 쓰세요.

받침이 [ㅂ]으로 소리 나는 낱말을 넣어, 원래 사려던 것보다 훨씬 더 큰 것을 사고 싶어 하는 태호에게 해 주고 싶은 말을 씁니다.

규칙	① 받침이 [ㅂ]으로 소리 나는 낱말을 넣어서 써요. ② 태호에게 해 주고 싶은 말을 써요.

예 작은 반창고를 사러 갔다가 배보다 배꼽이 큰 상황이 되었구나. 필요한 것만 사는 것이 더 좋을 것 같아. / 배보다 배꼽이 더 클 수는 없으니까 작은 반창고만 사는 것이 좋지 않을까?

받아쓰기 (듣고 따라 쓰기)

1 낱말 쓰기

①	아	홉		②	헝	겊		③	정	답

④	앞	쪽		⑤	배	꼽		⑥	앞	치	마

2 문장 쓰기

①

앞	치	마	를	∨	둘	렀	어	요	.

②

숲	에	∨	동	물	이	∨	살	아	요	.

③

정	답	은	∨	무	엇	일	까	요	?

④

교	실	∨	앞	쪽	에	는	∨	칠	판
이	∨	있	어	요	.				

⑤

무	릎	이	∨	땅	에	∨	부	딪	혀
서	∨	피	부	가	∨	까	졌	어	요

⑥

배	보	다	∨	배	꼽	이	∨	더	∨
크	다	는	∨	속	담	이	∨	맞	네

17 ㄱ, ㄷ, ㅂ 받침 뒤에서 된소리가 나는 말

오, 우리 유나가 공부를 하고 있구나.

시를 쓰고 있어요!

그럼 어디 한번 읽어 볼까?

급씩 어제는 깍뚜기 오늘은 옥쑤수 급씩이 좋아라.

너무 잘 썼죠?

앗, 낱말을 소리 나는 대로 쓰면 안 되지.

쏙쏙 맞춤법

	읽을 때	쓸 때
ㄱ, ㄷ, ㅂ 받침 뒤에 오는 글자의 첫소리 ㄱ, ㄷ, ㅂ, ㅅ, ㅈ은	된소리인 [ㄲ, ㄸ, ㅃ, ㅆ, ㅉ]으로 소리 나요. 예 [깍뚜기], [옥쑤수], [급씩]	원래 자음자를 살려서 써요. 예 깍두기, 옥수수, 급식

맞춤법 연습

	이렇게 소리 나요!	따라 써세요!
껍질	[껍찔]	껍 질
돋보기	[돋뽀기]	돋 보 기
깍두기	[깍뚜기]	깍 두 기

낱말 바르게 쓰기
정답 및 해설 18쪽

1 다음 그림을 보고, 잘못 쓴 낱말을 찾아 바르게 고쳐 쓰세요.

악 기

학교   악끼

문장 속 낱말 바르게 쓰기

2 다음 중 문장의 빈칸에 들어갈 알맞은 낱말을 찾아 쓰세요.

❶ 책장 / 책짱   책 장 에는 많은 책이 꽂혀 있어요.

❷ 돋뽀기 / 돋보기   할머니께서는 돋 보 기 로 신문을 읽으세요.

┄ ❶ [책짱]으로 읽지만 쓸 때는 '책장'이라고 써야 합니다.
┄ ❷ [돋뽀기]로 읽지만 쓸 때는 '돋보기'라고 써야 합니다.

문장 바르게 쓰기

3 다음 밑줄 친 낱말을 바르게 고쳐 문장을 다시 쓰세요.

❶ 박쑤를 짝짝 쳐요.

박	수	를	∨	짝	짝	∨	쳐	요	.

❷ 양파 껍찔을 까요.

양	파	∨	껍	질	을	∨	까	요	.

┄ ❶ [박쑤]로 읽지만 쓸 때는 '박수'로 써야 합니다.
┄ ❷ [껍찔]이라고 읽지만 쓸 때는 '껍질'로 써야 합니다.

이야기 속 맞춤법 문장 쓰기

소은이는 **깍두기**를 싫어했어요. **학교** 급식에 깍두기가 나오는 날이면 늘 걱정이 되었지요. '어떻게 하면 깍두기를 먹지 않을 수 있을까?' 하고 말이에요. 그런데 오늘 **급씩**으로 또 깍두기가 나왔어요.

'어떻게 하지?'

소은이는 깍두기를 조심스럽게 **숟까락**에 담았어요. 몰래 빼서 버리려다가 그만 선생님과 눈이 딱 마주치고 말았어요.

깜짝 놀란 소은이는 깍두기를 입에 쏙 넣어 버렸어요.

'아삭아삭!'

소은이는 깍두기를 씹어 보고 놀랐어요. 생각보다 맛있었거든요. 그 뒤로 소은이는 더 이상 깍두기 때문에 걱정하지 않게 되었답니다.

문장 바르게 고쳐 쓰기

4 다음 밑줄 친 부분을 바르게 고쳐 문장을 다시 쓰세요.

┄ '급식'은 [급씩]으로 읽지만 쓸 때는 '급식'으로 써야 합니다.

❶ 오늘 급씩으로 또 깍두기가 나왔어요.

⇨ 오늘 급식으로 또 깍두기가 나왔어요.

┄ '숟가락'은 [숟까락]으로 읽지만 쓸 때는 '숟가락'으로 써야 합니다.

❷ 소은이는 깍두기를 조심스럽게 숟까락에 담았어요.

⇨ 소은이는 깍두기를 조심스럽게 숟가락에 담았어요.

문장 만들어 쓰기

┄ 주어진 낱말을 넣어, 편식을 하는 소은이에게 해 주고 싶은 말을 씁니다.

5 다음 낱말 중 한 가지를 넣어, 소은이에게 하고 싶은 말을 문장으로 쓰세요.

급식	학교	깍두기

✏ 예 소은아, 학교 급식으로 나온 음식을 골고루 잘 먹도록 해. 그래야 몸이 건강해지기 때문이야. / 소은아, 깍두기도 맛있어. 그러니 편식해서 먹지 말고 골고루 먹어.

받아쓰기

듣고 따라 쓰기
정답 및 해설 18쪽

1 낱말 쓰기

❶ 학 교   ❷ 악 기   ❸ 책 장

❹ 박 수   ❺ 껍 질   ❻ 돋 보 기

2 문장 쓰기

❶

박	수	를	∨	짝	짝	∨	쳐	요	.

❷

양	파	∨	껍	질	을	∨	까	요	.

❸

깍	두	기	를	∨	싫	어	했	어	요

❹

책	장	에	는	∨	많	은	∨	책	이	∨
꽂	혀	∨	있	어	요					

❺

할	머	니	께	서	는	∨	돋	보	기
로	∨	신	문	을	∨	읽	으	세	요

❻

오	늘	∨	급	식	으	로	∨	또	∨
깍	두	기	가	∨	나	왔	어	요	

18 ㄴ, ㄹ, ㅁ, ㅇ 받침 뒤에서 된소리가 나는 말

ㄴ, ㄹ, ㅁ, ㅇ 받침 뒤에 오는 글자의 첫소리 ㄱ, ㄷ, ㅂ, ㅅ, ㅈ은	읽을 때	쓸 때
	된소리인 [ㄲ, ㄸ, ㅃ, ㅆ, ㅉ]으로 소리 나요. 예 [산뿔]	원래 자음자를 살려서 써요. 예 산불

맞춤법 연습

	이렇게 소리 나요!	따라 쓰세요!
물감	[물깜]	물 감
장난감	[장난깜]	장 난 감
보름달	[보름딸]	보 름 달

낱말 바르게 쓰기

정답 및 해설 19쪽

1 다음 그림을 보고, 빈칸에 들어갈 알맞은 자음자를 쓰세요.

❶ 손 등
❷ 물 감
❸ 밤 길
❹ 상 장

문장 속 낱말 바르게 쓰기

2 다음 문장의 빈칸에 들어갈 알맞은 낱말을 보기에서 찾아 쓰세요.

보기	발가락	발까락	장난감	장난깜

❶ 신발이 작아 발 가 락 이 아파요.

❷ 동생과 함께 장 난 감 을 가지고 놀았어요.

❶ [발까락]이라고 읽지만 쓸 때는 '발가락'이라고 써야 합니다.
❷ [장난깜]이라고 읽지만 쓸 때는 '장난감'이라고 써야 합니다.

문장 바르게 쓰기

3 다음 중 바르게 쓴 낱말을 찾아 ○표 하고, 문장을 다시 쓰세요.

❶ (보름딸 / (보름달))이 떴어요.

보	름	달	이	∨	떴	어	요	.

❷ ((방바닥) / 방빠닥)이 따뜻해요.

방	바	닥	이	∨	따	뜻	해	요	.

❶ [보름딸]이라고 읽지만 '보름달'이라고 써야 합니다.
❷ [방빠닥]이라고 읽지만 '방바닥'이라고 써야 합니다.

이야기 속 맞춤법 문장 쓰기

"불이야! 불!"

보름달이 환하게 밝은 밤, 산이 보름달보다 더 밝게 불타고 있었어요. **산새**는 후드득 날아오르고, 동물들도 놀라 이리저리 뛰어다녔지요. 모두 도망칠 생각만 했어요. 불이 너무 세서 끌 수 없을 것 같았거든요.

그때 작은 다람쥐가 외쳤어요.

"불을 꺼야 해요. 모두 물을 가져와요!"

다람쥐의 말에 그제야 동물들은 정신을 차렸어요. 그리고 서둘러 **강가**로 달려갔어요. 누구 하나 게으름을 피우지 않고 **열씸히** 물을 날랐어요.

한참 뒤, 모두의 노력 덕분에 **산뿔**을 끌 수 있었어요. 동물들은 안심할 수 있었지요. 그리고 힘을 합치면 어려운 일도 해낼 수 있다는 것을 깨닫게 되었답니다.

문장 바르게 고쳐 쓰기

4 다음 밑줄 친 부분을 바르게 고쳐 문장을 다시 쓰세요.

❶ 게으름을 피우지 않고 열씸히 물을 날랐어요. ······· '열씸히'는 '열심히'로 고쳐 써야 합니다.

⇨ 게으름을 피우지 않고 열심히 물을 날랐어요.

❷ 모두의 노력 덕분에 산뿔을 끌 수 있었어요. ······· '산뿔'은 '산불'로 고쳐 써야 합니다.

⇨ 모두의 노력 덕분에 산불을 끌 수 있었어요.

문장 만들어 쓰기

········ 주어진 낱말을 넣어, 모두 힘을 합쳐서 산불을 끈 동물들에게 해 줄 수 있는 칭찬이나 위로의 말 등을 씁니다.

5 다음 낱말 중 한 가지를 넣어, 동물들에게 해 주고 싶은 말을 문장으로 쓰세요.

열심히	강가	산불

예 동물들아, 산불이 크게 나서 많이 놀랐지? 그래도 모두가 열심히 힘을 합쳐서 불을 껐다니 정말 다행이야. / 동물들아, 고생했어. 강가에서 물을 가지고 올 수 있어서 정말 다행이었네.

받아쓰기 듣고 따라 쓰기

정답 및 해설 19쪽

1 낱말 쓰기

❶ 손 등
❷ 물 감
❸ 밤 길
❹ 상 장
❺ 산 불
❻ 열 심 히

2 문장 쓰기

❶
보	름	달	이	∨	떴	어	요	.

❷
방	바	닥	이	∨	따	뜻	해	요	.

❸
발	가	락	이	∨	아	파	요	.

❹
동	생	과	∨	함	께	∨	장	난	감
을	∨	가	지	고	∨	놀	았	어	요

❺
서	둘	러	∨	강	가	로	∨	달	려
갔	어	요	.						

❻
노	력	∨	덕	분	에	∨	산	불	을	∨
끌	∨	수	∨	있	었	어	요	.		

19 ㅋ, ㄲ, ㅍ 받침 뒤에서 된소리가 나는 말

쏙쏙 맞춤법

ㅋ, ㄲ, ㅍ 받침 뒤에 오는 글자의 첫소리 ㄱ, ㄷ, ㅂ, ㅅ, ㅈ은	읽을 때	쓸 때
	된소리인 [ㄲ, ㄸ, ㅃ, ㅆ, ㅉ]으로 소리 나요. 예 [꺽찌]	원래 자음자를 살려서 써요. 예 꺾지

맞춤법 연습

	이렇게 소리 나요!	따라 쓰세요!
낚시	[낙씨]	낚 시
잎사귀	[입싸귀]	잎 사 귀
남녘도	[남녁또]	남 녘 도

낱말 바르게 쓰기
1 다음 그림을 보고, 잘못 쓴 낱말을 찾아 바르게 고쳐 쓰세요.

낚씨   짚신   낚 시

문장 속 낱말 바르게 쓰기
2 다음 중 문장의 빈칸에 들어갈 알맞은 낱말을 찾아 쓰세요.

❶ 입싸귀 / 잎사귀   나무에 [잎 사 귀]가 많이 달려 있어요.

❷ 부억과 / 부엌과   제 방은 [부 엌 과] 붙어 있는 곳이에요.

└ ❶ [입싸귀]라고 읽지만 쓸 때는 '잎사귀'라고 씁니다.
└ ❷ [부억꽈]라고 읽지만 쓸 때는 '부엌과'라고 씁니다.

문장 바르게 쓰기
3 다음 중 바르게 쓴 낱말을 찾아 ○표 하고, 문장을 다시 쓰세요.

❶ (덥깨 / ⃝덮개)를 씌워요.

[덮 개 를 ∨ 씌 워 요 .]

❷ 나무를 (꺽찌 / ⃝꺾지) 마세요.

[나 무 를 ∨ 꺾 지 ∨ 마 세 요 .]

└ ❶ [덥깨]로 소리 나더라도 '덮개'라고 써야 합니다.
└ ❷ [꺽찌]라고 소리 나더라도 '꺾지'라고 써야 합니다.

이야기 속 맞춤법 문장 쓰기

이른 봄날이었어요. 따뜻한 **남녘또** 아직은 추운 날씨였지요. 요정 할머니는 **숲쏙**에 갔다가 갓 돋아난 새싹을 발견했어요.

"어머, 이 새싹으로 맛있는 요리를 만들 수 있겠는걸?"

요정 할머니는 얼른 집으로 돌아와서 요리를 시작했어요. 먼저 숲에서 미리 따 둔 버섯을 **볶꼬**, 익힌 고기와 잘 섞었어요. 소금도 살짝 뿌렸지요. 요정 할머니는 그릇에 밥을 담고 준비한 재료들을 하나하나 올렸어요.

"어머, 가장 중요한 걸 잊을 뻔했네."

요정 할머니는 방금 숲속에서 맨 온 새싹을 맨 위에 올렸어요. 숲의 향기가 가득한 '숲속 **덮밥**'이 완성되었지요. 봄을 기다리는 마음이 담긴 따뜻한 덮밥이었답니다.

문장 바르게 고쳐 쓰기
4 다음 밑줄 친 부분을 바르게 고쳐 문장을 다시 쓰세요.
❶ 따뜻한 남녘또 아직은 추운 날씨였지요. •┄┄[남녁또]로 읽히지만 쓸 때는 '남녘도'라고 써야 합니다.

⇨ 따뜻한 남녘도 아직은 추운 날씨였지요.

❷ 버섯을 볶꼬, 익힌 고기와 잘 섞었어요. •┄┄[복꼬]로 읽히지만 쓸 때는 '볶고'라고 써야 합니다.

⇨ 버섯을 볶고, 익힌 고기와 잘 섞었어요.

문장 만들어 쓰기
5 다음 낱말 중 한 가지를 넣어, 요정 할머니께 만들어 달라고 하고 싶은 요리를 문장으로 쓰세요.
┄┄주어진 낱말을 넣어, 요정 할머니에게 요청하고 싶은 요리를 상상하여 씁니다.

숲속	볶고	덮밥

예 요정 할머니, 저는 숲속에서 나는 모든 열매를 모아 열매 덮밥을 만들어 주세요. / 저는 요정 할머니께 꽃잎도 넣고, 열매도 넣은 향긋한 숲속 비빔밥을 만들어 달라고 하고 싶어요.

받아쓰기

1 낱말 쓰기

❶	낚 시	❷	짚 신	❸	덮 개
❹	숲 속	❺	덮 밥	❻	잎 사 귀

2 문장 쓰기

❶ 덮 개 를 ∨ 씌 워 요

❷ 나 무 를 ∨ 꺾 지 ∨ 마 세 요

❸ 부 엌 과 ∨ 붙 어 ∨ 있 어 요

❹ 남 녘 도 ∨ 아 직 은 ∨ 추 운 ∨
날 씨 였 지 요

❺ 버 섯 을 ∨ 볶 고 , 익 힌 ∨
고 기 와 ∨ 잘 ∨ 섞 었 어 요

❻ 숲 속 ∨ 덮 밥 이 ∨ 완 성 되
었 지 요 .

20 ㅅ, ㅆ, ㅈ, ㅊ, ㅌ 받침 뒤에서 된소리가 나는 말

쏙쏙 맞춤법

ㅅ, ㅆ, ㅈ, ㅊ, ㅌ 받침 뒤에 오는 글자의 첫소리 ㄱ, ㄷ, ㅂ, ㅅ, ㅈ은	읽을 때	쓸 때
	된소리인 [ㄲ, ㄸ, ㅃ, ㅆ, ㅉ]으로 소리 나요. 예 [꼳깜]	원래 자음자를 살려서 써요. 예 곶감

맞춤법 연습

	이렇게 소리 나요!	따라 쓰세요!
옷장	[옫짱]	옷 장
꽃가루	[꼳까루]	꽃 가 루
늦가을	[늗까을]	늦 가 을

낱말 바르게 쓰기

1 다음 중 바르게 쓴 낱말에 ○표 하고, 빈칸에 쓰세요.

① (늦다)／늘따 → 늦 다

  잘따／(잤다) → 잤 다

문장 속 낱말 바르게 쓰기

2 다음 문장의 빈칸에 들어갈 낱말로 알맞은 것에 ○표 하고, 바르게 쓰세요.

① 꼳까루／(꽃가루) → 꽃 가 루 가 바람에 날려요.

② (돌솥밥)／돌솓빱 → 돌 솥 밥 이 정말 맛있어요.

● [꼳까루]라고 읽지만 쓸 때는 '꽃가루'라고 써야 합니다.
● [돌솓빱]이라고 읽지만 쓸 때는 '돌솥밥'이라고 써야 합니다.

문장 바르게 쓰기

3 다음 밑줄 친 낱말을 바르게 고쳐 문장을 다시 쓰세요.

① 옫짱에 옷을 넣어요.

옷 장 에 ∨ 옷 을 ∨ 넣 어 요

② 꼳빹에 물을 주어요.

꽃 밭 에 ∨ 물 을 ∨ 주 어 요

● [옫짱]이라고 읽지만 쓸 때는 '옷장'이라고 써야 합니다.
● [꼳빹]이라고 읽지만 쓸 때는 '꽃밭'이라고 써야 합니다.

이야기 속 맞춤법 문장 쓰기

늦가을이 깊어지던 어느 날, **꽃게** 한 마리가 **바닷가**에 나타났어요. 배가 너무 고팠던 꽃게는 바닷가 근처 작은 집으로 살금살금 들어갔어요. 작은 집의 부엌에는 여러 가지 음식이 가득했어요.

꽃게는 잘 익은 **햇감자**를 몰래 먹었어요. 달콤하게 끓인 **팥죽**도 슬쩍 맛보았지요.

"잘 먹었다."

배가 부르자 꽃게는 집주인에게 너무 미안했어요. 음식을 몰래 먹은 게 마음에 걸렸어요. 그래서 집 마당의 흙바닥에 나뭇가지로 글을 쓰기 시작했지요.

"미안함…… 아니야. 감사함…… 아니야."

꽃게는 그렇게 한참 동안 글을 **썼다** 지웠다 했답니다. 몰래 먹은 게 너무 미안했거든요.

문장 바르게 고쳐 쓰기

4 다음 밑줄 친 부분을 바르게 고쳐 문장을 다시 쓰세요.

● 꽃게는 잘 익은 햇깜자를 몰래 먹었어요. → '햇감자'는 그 해에 새로 난 감자라는 뜻으로 [핻깜자]라고 읽습니다.

꽃게는 잘 익은 햇감자를 몰래 먹었어요.

② 달콤하게 끓인 팓쭉도 슬쩍 맛보았지요. → '팥죽'은 [팓쭉]이라고 읽지만 쓸 때는 '팥죽'이라고 써야 합니다.

달콤하게 끓인 팥죽도 슬쩍 맛보았지요.

문장 만들어 쓰기

5 다음 낱말 중 한 가지를 넣어, 꽃게가 집주인에게 해야 하는 말을 문장으로 쓰세요.

→ 주어진 낱말을 넣어, 꽃게가 음식을 몰래 먹은 것에 대해 집주인에게 사과하는 글을 씁니다.

| 팥죽 | 햇감자 | 꽃게 |

예 미안해요, 집주인님. 제가 너무 배가 고파서 햇감자와 팥죽을 먹었어요. 다른 음식을 가져다 드릴게요. ／ 저는 꽃게입니다. 너무 배가 고파서 햇감자와 팥죽을 먹었어요. 죄송합니다.

받아쓰기 (듣고 따라 쓰기)

1 낱말 쓰기

① 곶 감 ② 늦 다 ③ 옷 장
④ 꽃 밭 ⑤ 꽃 가 루 ⑥ 늦 가 을

2 문장 쓰기

① 옷 장 에 ∨ 옷 을 ∨ 넣 어 요

② 꽃 밭 에 ∨ 물 을 ∨ 주 어 요

③ 돌 솥 밥 이 ∨ 맛 있 어 요

④ 꽃 가 루 가 ∨ 바 람 에 ∨ 날 려 요

⑤ 꽃 게 는 ∨ 잘 ∨ 익 은 ∨ 햇 감 자 를 ∨ 먹 었 어 요

⑥ 달 콤 하 게 ∨ 끓 인 ∨ 팥 죽 도 ∨ 슬 쩍 ∨ 맛 보 았 지 요

따라 쓰기

예시 답안

1장 따라쓰기 ▷

01 모음자 ㅘ가 쓰인 말

• 다음 글을 '모음자 ㅘ가 쓰인 낱말'에 유의하며 읽고 따라 쓰세요.

> 14쪽
>
> 달콤한 **과일** 나라가 시끌시끌했어요. 최고의 과일이 누구인지에 대해 다툼이 일어났거든요.
>
> "과일 중에서는 내가 최고! 다들 나를 좋아하잖아."

	달	콤	한	∨	과	일	∨	나	라
가	∨	시	끌	시	끌	했	어	요	.
최	고	의	∨	과	일	이	∨	누	구
인	지	에	∨	대	해	∨	다	툼	이	∨
일	어	났	거	든	요	.			
	"	과	일	∨	중	에	서	는	∨
내	가	∨	최	고	지	!	∨	다	
들	∨	나	를	∨	좋	아	하	잖	
아	. "								

02 모음자 ㅐ, ㅔ가 쓰인 말

• 다음 글을 '모음자 ㅐ, ㅔ가 쓰인 낱말'에 유의하며 읽고 따라 쓰세요.

> 18쪽
>
> **어제** 친구들에게 **초대장**도 나눠 주었지요. 부모님께서는 맛있는 음식을 많이 준비해 주셨어요.
>
> 그런데 초대한 시간이 되어도 아무도 오지 않았어요.

	어	제	∨	친	구	들	에	게	∨
초	대	장	도	∨	나	눠	∨	주	었
지	요	.	부	모	님	께	서	는	∨
맛	있	는	∨	음	식	을	∨	많	이	∨
준	비	해	∨	주	셨	어	요	.	
	그	런	데	∨	초	대	한	∨	시
간	이	∨	되	어	도	∨	아	무	도	∨
오	지	∨	않	았	어	요	.		

03 모음자 ㅝ, ㅟ가 쓰인 말

• 다음 글을 '모음자 ㅝ, ㅟ가 쓰인 낱말'에 유의하며 읽고 따라 쓰세요.

> 22쪽
>
> 한참을 걷다가, 마을에서 멀리 떨어진 **과수원**에 이르렀지요.
>
> "어? 여기는 과수원이네. 엄마가 **위험**하다고 가지 말라고 했던 곳이잖아."

	한	참	을	∨	걷	다	가	,	마
을	에	서	∨	멀	리	∨	떨	어	진	∨
과	수	원	에	∨	이	르	렀	지	요
	"	어	?	∨	여	기	는	∨	과
수	원	이	네	.	엄	마	가	∨	
위	험	하	다	고	∨	가	지	∨	
말	라	고	∨	했	던	∨	곳	이	
잖	아	. "							

04 모음자 ㅒ, ㅖ가 쓰인 말

• 다음 글을 '모음자 ㅒ, ㅖ가 쓰인 낱말'에 유의하며 읽고 따라 쓰세요.

> 26쪽
>
> 하지만 **식혜**를 쏟을까 봐 걱정이 되었지요.
>
> "그래, 결심했어. 내가 본 걸 잘 **얘기**해 줘야지. **걔**들은 듣기만 해도 엄청나게 신기해할 거야."

	하	지	만	∨	식	혜	를	∨	쏟
을	까	∨	봐	∨	걱	정	이	∨	되
었	지	요	.						
	"	그	래	,	결	심	했	어	.
내	가	∨	본	∨	걸	∨	잘	∨	
얘	기	해	∨	줘	야	지	.	걔	
들	은	∨	듣	기	만	∨	해	도	∨
엄	청	나	게	∨	신	기	해	할	∨
거	야	. "							

05 모음자 ㅙ, ㅞ가 쓰인 말

• 다음 글을 '모음자 ㅙ, ㅞ가 쓰인 낱말'에 유의하며 읽고 따라 쓰세요.

30쪽

분홍 **돼지**는 강아지랑 산책하러 가지 못한 것을, 병아리랑 놀지 못한 것을, 토끼의 구멍 난 옷을 **꿰매** 주지 못한 것을 두고두고 후회했답니다.

	분	홍	∨	돼	지	는	∨	강	아
지	랑	∨	산	책	하	러	∨	가	지	∨
못	한	∨	것	을	,	병	아	리	랑
놀	지	∨	못	한	∨	것	을	,	토
끼	의	∨	구	멍	∨	난	∨	옷	을	∨
꿰	매	∨	주	지	∨	못	한	∨	것
을	∨	두	고	두	고	∨	후	회	했
답	니	다	.						

06 모음자 ㅚ, ㅢ가 쓰인 말

• 다음 글을 '모음자 ㅚ, ㅢ가 쓰인 낱말'에 유의하며 읽고 따라 쓰세요.

34쪽

'그래, 마법사를 찾아가서 내 **외모**를 바꿔 달라고 해야겠어.' 툴툴이는 자신의 모습을 바꿀 수 있다는 **희망**에 기뻤어요.

	'	그	래	,	마	법	사	를	∨
	찾	아	가	서	∨	내	∨	외	모
	를	∨	바	꿔	∨	달	라	고	∨
	해	야	겠	어	.	'			
	툴	툴	이	는	∨	자	신	의
모	습	을	∨	바	꿀	∨	수	∨	있
다	는	∨	희	망	에	∨	기	뻤	어
요	.								

2장 따라 쓰기 ▷

07 ㄱ 받침이 뒤로 넘어가서 소리 나는 말

• 다음 글을 'ㄱ 받침이 뒤로 넘어가서 소리 나는 말'에 유의하며 읽고 따라 쓰세요.

40쪽

추운 겨울 **저녁에 거북이** 가족이 모두 모였어요. 따뜻한 모닥불을 피우고 옹기종기 모여 앉았지요.
그때, 꼬마 **악어** 한 마리가 슬그머니 나타났어요.

	추	운	∨	겨	울	∨	저	녁	에	∨
거	북	이	∨	가	족	이	∨	모	두	∨
모	였	어	요	.	따	뜻	한	∨	모
닥	불	을	∨	피	우	고	∨	옹	기
종	기	∨	모	여	∨	앉	았	지	요
	그	때	,	꼬	마	∨	악	어	∨
한	∨	마	리	가	∨	슬	그	머	니	∨
나	타	났	어	요	.				

08 ㄴ 받침이 뒤로 넘어가서 소리 나는 말

• 다음 글을 'ㄴ 받침이 뒤로 넘어가서 소리 나는 말'에 유의하며 읽고 따라 쓰세요.

44쪽

처음 땅에 온 **문어** 선생은 모든 것이 놀라웠어요.
"허허, 참 신기하기도 하지."
특히 땅에 사는 동물들의 모습에서 눈을 뗄 수가 없었어요.

	처	음	∨	땅	에	∨	온	∨	문
어	∨	선	생	은	∨	모	든	∨	것
이	∨	놀	라	웠	어	요	.		
	"	허	허	,	참	∨	신	기	하
	기	도	∨	하	지	.	"		
	특	히	∨	땅	에	∨	사	는	∨
동	물	들	의	∨	모	습	에	서	∨
눈	을	∨	뗄	∨	수	가	∨	없	었
어	요	.							

09 ㄷ, ㄹ 받침이 뒤로 넘어가서 소리 나는 말

• 다음 글을 'ㄷ, ㄹ 받침이 뒤로 넘어가서 소리 나는 말'에 유의하며 읽고 따라 쓰세요.

48쪽

지민이는 하루 종일 **놀이터**에서 신나게 놀다가 집으로 돌아왔어요. 그런데 깜깜한 밤이 되어서야 모래 놀이터에 **묻은** 자동차 장난감이 생각났어요.

	지	민	이	는	∨	하	루	∨	종
일	∨	놀	이	터	에	서	∨	신	나
게	∨	놀	다	가	∨	집	으	로	∨
돌	아	왔	어	요		그	런	데	∨
깜	깜	한	∨	밤	이	∨	되	어	서
야	∨	모	래	∨	놀	이	터	에	∨
묻	은	∨	자	동	차	∨	장	난	감
이	∨	생	각	났	어	요	.		

10 ㅁ, ㅂ 받침이 뒤로 넘어가서 소리 나는 말

• 다음 글을 'ㅁ 받침이 뒤로 넘어가서 소리 나는 말'에 유의하며 읽고 따라 쓰세요.

52쪽

엄마 **사슴**은 부드럽게 웃으며 자장가를 불러 주었어요. **마음**을 따뜻하게 어루만져 주는 부드러운 자장가였어요. 아기 사슴은 점점 눈이 감겼어요. 스르르 **잠**이 왔지요.

	엄	마	∨	사	슴	은	∨	부	드
럽	게	∨	웃	으	며	∨	자	장	가
를	∨	불	러	∨	주	었	어	요	.
마	음	을	∨	따	뜻	하	게	∨	어
루	만	져	∨	주	는	∨	부	드	러
운	∨	자	장	가	였	어	요	.	아
기	∨	사	슴	은	∨	점	점	∨	눈
이	∨	감	겼	어	요	.	스	르	르 ∨
잠	이	∨	왔	지	요	.			

11 ㅅ, ㅈ, ㅊ 받침이 뒤로 넘어가서 소리 나는 말

• 다음 글을 'ㅅ, ㅈ 받침이 뒤로 넘어가서 소리 나는 말'에 유의하며 읽고 따라 쓰세요.

56쪽

아리따운 곰은 열심히 **꽃**을 따고 있었어요. 옆에 다른 곰이 있는 줄도 모르고 말이에요. **웃음소리**가 큰 곰은 속으로 생각했어요. '내 짝을 찾았다!' 하고 말이에요.

	아	리	따	운	∨	곰	은	∨	열
심	히	∨	꽃	을	∨	따	고	∨	있
었	어	요	.	옆	에	∨	다	른	∨
곰	이	∨	있	는	∨	줄	도	∨	모
르	고	∨	말	이	에	요	.	웃	음
소	리	가	∨	큰	∨	곰	은	∨	속
으	로	∨	생	각	했	어	요	.	
내	∨	짝	을	∨	찾	았	다	!	∨
하	고	∨	말	이	에	요	.		

12 ㅋ, ㅌ, ㅍ 받침이 뒤로 넘어가서 소리 나는 말

• 다음 글을 'ㅋ, ㅍ 받침이 뒤로 넘어가서 소리 나는 말'에 유의하며 읽고 따라 쓰세요.

60쪽

숲에 사는 복슬복슬한 곰은 요리를 좋아해요. 그래서 매일 **부엌**에서 맛있는 요리를 하지요.
"음, 어디서 맛있는 냄새가 나는 걸까?"

	숲	에	∨	사	는	∨	복	슬	복
슬	한	∨	곰	은	∨	요	리	를	∨
좋	아	해	요	.	그	래	서	∨	매
일	∨	부	엌	에	서	∨	맛	있	는 ∨
요	리	를	∨	하	지	요	.		
	"	음	,	어	디	서	∨	맛	있
는	∨	냄	새	가	∨	나	는		
걸	까	?	"						

13 ㄲ, ㅆ 받침이 뒤로 넘어가서 소리 나는 말

• 다음 글을 'ㄲ, ㅆ 받침이 뒤로 넘어가서 소리 나는 말'에 유의하며 읽고 따라 쓰세요.

> 64쪽

숲속 동물 나라에 **볶음밥** 잔치가 열렸어요. 장소는 요리를 잘하시는 너구리 할머니 댁이에요. 동물들은 재료를 가지고 너구리 할머니 댁으로 갔어요.

	숲	속	✓	동	물	✓	나	라	에	✓
볶	음	밥	✓	잔	치	가	✓	열	렸	
어	요		장	소	는	✓	요	리	를	✓
잘	하	시	는	✓	너	구	리		할	
머	니	✓	댁	이	에	요		동	물	
들	은	✓	재	료	를	✓	가	지	고	✓
너	구	리	✓	할	머	니	✓	댁	으	
로	✓	갔	어	요						

14 받침이 [ㄱ]으로 소리 나는 말

• 다음 글을 '받침이 [ㄱ]으로 소리 나는 말'에 유의하며 읽고 따라 쓰세요.

> 70쪽

색깔들이 한 말에 속상해진 검정은 **부엌** 안으로 들어갔어요. 맛있는 걸 먹으면 기분이 좋아질 것 같았거든요. 검정은 요리에 여러 색깔 소스를 하나씩 **섞기** 시작했어요.

	색	깔	들	이	✓	한	✓	말	에	✓
속	상	해	진	✓	검	정	은	✓	부	
엌	✓	안	으	로	✓	들	어	갔	어	
요		맛	있	는	✓	걸	✓	먹	으	
면	✓	기	분	이	✓	좋	아	질	✓	
것	✓	같	았	거	든	요		검	정	
은	✓	요	리	에	✓	여	러	✓	색	
깔	✓	소	스	를	✓	하	나	씩	✓	
섞	기	✓	시	작	했	어	요			

15 받침이 [ㄷ]으로 소리 나는 말

• 다음 글을 '받침이 [ㄷ]으로 소리 나는 말'에 유의하며 읽고 따라 쓰세요.

> 74쪽

차가운 바람이 **밤낮** 멈추지 않고 불었어요. 밤새 눈이 내려 주위는 온통 하얀 **눈밭**이었지요. 작은 **씨앗**은 몸을 잔뜩 움츠렸어요.

	차	가	운	✓	바	람	이	✓	밤	
낮	✓	멈	추	지	✓	않	고	✓	불	
었	어	요		밤	새	✓	눈	이	✓	
내	려	✓	주	위	는	✓	온	통		
하	얀	✓	눈	밭	이	었	지	요		
작	은	✓	씨	앗	은	✓	몸	을		
잔	뜩	✓	움	츠	렸	어	요			

16 받침이 [ㅂ]으로 소리 나는 말

• 다음 글을 '받침이 [ㅂ]으로 소리 나는 말'에 유의하며 읽고 따라 쓰세요.

> 78쪽

어느 날, 태호는 넘어지면서 **무릎**이 땅에 부딪혀서 피부가 까졌어요. 그래서 엄마는 태호를 데리고 **집 앞** 약국으로 갔어요.

	어	느	✓	날	,	태	호	는		
넘	어	지	면	서	✓	무	릎	이	✓	
땅	에	✓	부	딪	혀	서	✓	피	부	
가	✓	까	졌	어	요		그	래	서	✓
엄	마	는	✓	태	호	를	✓	데	리	
고	✓	집	✓	앞	✓	약	국	으	로	✓
갔	어	요								

4장 따라쓰기 ▷

17 ㄱ, ㄷ, ㅂ 받침 뒤에서 된소리가 나는 말

● 다음 글을 'ㄱ, ㄷ 받침 뒤에서 된소리가 나는 말'에 유의하며 읽고 따라 쓰세요.

> 84쪽
>
> 소은이는 **깍두기**를 조심스럽게 **숟가락**에 담았어요. 몰래 빼서 버리려다가 그만 선생님과 눈이 딱 마주치고 말았어요.
> 깜짝 놀란 소은이는 깍두기를 입에 쏙 넣어 버렸어요.

	소	은	이	는	∨	깍	두	기	를	∨
조	심	스	럽	게	∨	숟	가	락	에	∨
담	았	어	요	.	몰	래	∨	빼	서	∨
버	리	려	다	가	∨	그	만	∨	선	
생	님	과	∨	눈	이	∨	딱	∨	마	
주	치	고	∨	말	았	어	요	.		
	깜	짝	∨	놀	란	∨	소	은	이	
는	∨	깍	두	기	를	∨	입	에	∨	
쏙	∨	넣	어	∨	버	렸	어	요	.	

18 ㄴ, ㄹ, ㅁ, ㅇ 받침 뒤에서 된소리가 나는 말

● 다음 글을 'ㄹ, ㅇ 받침 뒤에서 된소리가 나는 말'에 유의하며 읽고 따라 쓰세요.

> 88쪽
>
> 다람쥐의 말에 그제야 동물들은 정신을 차렸어요. 그리고 서둘러 **강가**로 달려갔어요. 누구 하나 게으름을 피우지 않고 **열심히** 물을 날랐어요.

	다	람	쥐	의	∨	말	에	∨	그
제	야	∨	동	물	들	은	∨	정	신
을	∨	차	렸	어	요	.	그	리	고
서	둘	러	∨	강	가	로	∨	달	려
갔	어	요	.	누	구	∨	하	나	
게	으	름	을	∨	피	우	지	∨	않
고	∨	열	심	히	∨	물	을	∨	날
랐	어	요	.						

19 ㅋ, ㄲ, ㅍ 받침 뒤에서 된소리가 나는 말

● 다음 글을 'ㅍ 받침 뒤에서 된소리가 나는 말'에 유의하며 읽고 따라 쓰세요.

> 92쪽
>
> 요정 할머니는 방금 **숲속**에서 따 온 새싹을 맨 위에 올렸어요. 숲의 향기가 가득한 '**숲속 덮밥**'이 완성되었지요. 봄을 기다리는 마음이 담긴 따뜻한 덮밥이었답니다.

	요	정	∨	할	머	니	는	∨	방
금	∨	숲	속	에	서	∨	따	∨	온	∨
새	싹	을	∨	맨	∨	위	에	∨	올
렸	어	요	.	숲	의	∨	향	기	가	∨
가	득	한		숲	속	∨	덮	밥	
	이	∨	완	성	되	었	지	요	.
봄	을	∨	기	다	리	는	∨	마	음
이	∨	담	긴	∨	따	뜻	한	∨	덮
밥	이	었	답	니	다	.			

20 ㅅ, ㅆ, ㅈ, ㅊ, ㅌ 받침 뒤에서 된소리가 나는 말

● 다음 글을 'ㅅ, ㅈ, ㅊ 받침 뒤에서 된소리가 나는 말'에 유의하며 읽고 따라 쓰세요.

> 96쪽
>
> **늦가을**이 깊어지던 어느 날, **꽃게** 한 마리가 **바닷가**에 나타났어요. 배가 너무 고팠던 꽃게는 바닷가 근처 작은 집으로 살금살금 들어갔어요.

	늦	가	을	이	∨	깊	어	지	던	∨
어	느	∨	날	,	꽃	게	∨	한	∨	
마	리	가	∨	바	닷	가	에	∨	나	
타	났	어	요	.	배	가	∨	너	무	∨
고	팠	던	∨	꽃	게	는	∨	바	닷	
가	∨	근	처	∨	작	은	∨	집	으	
로	∨	살	금	살	금	∨	들	어	갔	
어	요	.								

메모

NE능률 문해력연구소

NE능률 문해력연구소는 전문성과 탁월성을 기반으로
국어교육 트렌드를 선도합니다.

달곰한 문해력 초등 문법 1단계

펴 낸 날	2025년 5월 15일(초판 1쇄)
펴 낸 이	주민홍
펴 낸 곳	(주)NE능률

지 은 이	NE능률 문해력연구소
개 발 책 임	장명준
개 발	류예지, 유자연, 김경민
디자인책임	오영숙
디 자 인	안훈정, 조가영, 오솔길, 장수현
제 작 책 임	한성일

등 록 번 호	제1-68호
I S B N	979-11-253-5005-7

대 표 전 화	02 2014 7114
홈 페 이 지	www.neungyule.com
주 소	서울시 마포구 월드컵북로 396(상암동) 누리꿈스퀘어 비즈니스타워 10층 (우편번호 03925)